Frank Weissert • Angeln ist cool

*Dieses Buch widme ich **Valentin**, meinem am 2. Januar 2000 geborenen Sohn. Zwar lässt sich heute noch nicht sagen, ob er sich jemals für das Angeln interessiert. Wenn ja, wird es mich sehr freuen und er kann sich meiner Unterstützung sicher sein. Und falls nicht, ist das auch nicht so schlimm. Hauptsache er führt ein glückliches Leben.*

Nachtrag 2009

*Mittlerweile kann ich die Widmung ergänzen: Bereits mit drei Jahren kescherte Valentin mir sicher einen 3,3-Kilo-Karpfen und fängt inzwischen selbst Forellen, Barsche und andre Fischarten. Bestimmt folgt demnächst der erste Hecht. Und meine Tochter **Helena** (geboren am 14. Januar 2003) hat inzwischen auch Spaß am Angeln. Dieses Buch widme ich meinen beiden Kindern.*

Angeln ist cool

Tipps und Tricks für Kids und Teens

Müller Rüschlikon

Einbandgestaltung: Sven Rauert
Titelfoto: Frank Weissert
Abbildungen: Frank Weissert

ISBN 978-3-275-01681-5

Postfach 103743, 70032 Stuttgart
Ein Unternehmen der Paul Pietsch Verlage GmbH & Co.
Lizenznehmer der Bucheli Verlags AG, Baarerstr. 43, CH-6304 Zug

Sie finden uns im Internet unter
www.mueller-rueschlikon.de

1. Auflage 2009
Der Titel ist bereits in 3 Auflagen unter der ISBN 978-3-275-01392-0 erschienen.

Innengestaltung: NovoTec GmbH, 73765 Neuhausen
Druck & Bindung: Typos Tiskarne Zavody a.s., 32956 Plzen
Printed in: Czech Republik

Inhalt

Warum angeln?

Was ist ein **Abenteuer**? Ihr kommt vielleicht in eine fremde Umgebung und erlebt ungewöhnliche, aufregende Dinge, die sich von üblichen Erlebnissen daheim, in der Schule und woanders unterscheiden. Abenteuer gibt es allerdings höchstens im Fernsehen, in Computerspielen oder fernen Ländern – meinen zumindest viele Leute.

Tatsächlich liegen sie jedoch zum Greifen nahe schon **am nächsten Teich, See, Fluss oder Kanal**. Das wissen aber nur die Angler, zu denen auch Mädchen und Jungs in eurem Alter gehören. Statt nur vor der Glotze zu sitzen oder auf der Straße herumzuhängen, verbringen sie ihre Freizeit viel lieber am Wasser. Denn es gibt es dort **viel Spannendes** zu sehen und zu erleben, was anderen Menschen verborgen bleibt. Das gilt ganz besonders für die Welt unter Wasser, in die der Angler gewissermaßen eintaucht.

Der Fisch zwingt die Rute zu einer kräftigen Verbeugung.

Und mit jedem gefangenen Fisch hält er **ein Stück dieser faszinierenden Welt** in Händen, ein tolles Erlebnis. Dazu kommt das Angeln selbst: Ihr müsst euch in der Natur zurechtfinden und einen Platz aussuchen, an dem ihr die Fische vermutet. Außerdem könnt ihr mit den verschiedenen Ködern experimentieren und sie den Fischen auf verschiedene Weise anbieten.

Karpfen kurz vor der Landung - wenn das keine Action ist...

Richtig aufregend wird es dann bei einem **Biss**: Vielleicht wackelt der rote Schwimmer erst ein bisschen, zieht dann zur Seite und taucht schließlich schnell in die Tiefe. Inzwischen haltet ihr schon längst die Rute in der Hand und beobachtet voller Spannung das Geschehen. Wird der Fisch wieder loslassen oder habt ihr ihn gleich am Haken? Was für eine Art ist es und wie groß wird er wohl sein?

Und hat er dann gebissen und will ins nächste Seerosenfeld flüchten, müsst ihr ihn mit **viel Geschick** daran hindern. Entsprechend groß ist dann die Freude, liegt der vielleicht sogar große Fisch dann endlich im Landenetz.

Irgendwann werdet ihr solche oder ähnliche Situationen sogar beim **Nachtangeln** erleben. Es erscheint euch dabei alles vielleicht etwas unheimlich, was die Sache jedoch nur noch aufregender macht.

Ihr seht wahrscheinlich schon nach diesen wenigen Sätzen, dass Angeln alles andere als langweilig ist. Besonders dann, wenn ihr es richtig anfangt und wichtige Techniken beherrscht. Und genau dabei wird euch dieses Buch helfen.

Viel Spaß und Petri Heil wünscht

Frank Weissert

Ostfildern, im Juni 2001

frank@angelbuch.com

Übrigens: Die Erklärung zu *kursiv* geschriebenen Fachwörtern findet ihr ganz hinten im Buch in der Übersicht der Fachbegriffe.

Gewässer

Der Jugendwart zeigt auf der Landkarte die besten Angelstellen im Vereinsgewässer.

Eigentlich könnt ihr **in jedem Gewässer Fische fangen**. Denn selbst in kleinen Gräben oder Teichen schwimmen oft überraschend viele der Wasserbewohner. Das gilt erst recht für Seen, Bäche und Flüsse. Allerdings sind die Bedingungen überall anders, wobei ein allgemein gültiger Schlüssel in Form einer Einteilung in Regionen die **Fließgewässer** zu unterscheiden hilft.

Jede Region trägt den Namen des *Leitfischs*, also der für den jeweiligen Gewässertyp typischen Fischart.

Die oberste Region heißt deshalb **Forellenregion**. In ihren kalten, schnell fließenden und nahrungsarmen Bächen und Flüssen halten sich fast nur Forellen und Bachsaiblinge auf. Der Grund ist steinig und das Gewässer strömt mit viel Gefälle rasch dahin.

Die Forellenregion zeichnet sich durch kaltes, schnell fließendes Wasser aus.

Wesentlich mehr Fischarten finden sich in der etwas nährstoffreicheren **Äschenregion**. Hier leben neben der Äsche als Leitfisch auch der ab hier in allen weiteren Regionen schwimmende Döbel und andere Arten. Die Strömung ist deutlich langsamer und das Gewässer insgesamt breiter und oft auch tiefer. Häufig wachsen viele Wasserpflanzen am Grund.

Etwas wärmeres Wasser und häufig auch Wasserpflanzen kennzeichnen die Äschenregion.

Darauf folgt die **Barbenregion**, in der sich auch Aland und Rapfen wohl fühlen. Jetzt strömt der Fluss fast schon ruhig dahin, wobei sich noch immer ruhigere und schneller strömende Gewässerbereiche abwechseln. Viele Wasserpflanzen bilden eine Voraussetzung für reichlich Nahrung.

Flüsse der Barbenregion besitzen schon eine beachtliche Breite bei noch immer schneller Strömung.

Am artenreichsten ist die warme und sehr nährstoffreiche **Brachsenregion** mit ihrem meist etwas trüben, träge fließenden Wasser. Typische Bewohner sind Rotaugen, Brachsen, Karpfen und Hechte. Oft ist der Grund schlammig, wobei es im Bereich der Hauptströmung auch steinigen Grund geben kann.

Eine kleine Brachse nahm den für einen Karpfen gedachten Köder.

Fischen an einem kleinen Altarm der Brachsenregion

In der **Kaulbarsch-Flunder-Region** in der Nähe der Flussmündungen ins Meer können sowohl Süß- als auch Salzwasserfische vorkommen wie Barsche und Zander beziehungsweise Flundern und Heringe. Die Strömung wird vor allem im Bereich der Nordsee von den *Gezeiten* beeinflusst.

Die Mündungsgebiete großer Flüsse sowie die seenartigen Bodden an der Ostsee lassen sich am besten mit dem Boot befischen. Hier hat es sich ein vierbeiniger Angelbegleiter auf der Ruderbank bequem gemacht.

Alles in allem sind die **Übergänge zwischen den einzelnen Regionen fließend**. So können durchaus Barben und Karpfen nebeneinander vorkommen und der Fluss die Merkmale zweier Regionen aufweisen.

Kanäle sind künstlich angelegte oder durch Begradigen und Verbauen veränderte natürliche Gewässer. Ein Kanal versorgt entweder Mühlen und Kraftwerke mit Wasser zum Antrieb von Maschinen oder dient der Schifffahrt. Kanäle sind in aller Regel sehr gerade gebaut und besitzen einen ebenen Grund. Somit finden Fische nur wenige Stand- und Laichplätze, weshalb sich hier im Unterschied zu natürlichen Gewässern nur wenige Fischarten wohl fühlen und gute Bestände bilden.

Aufregender Karpfendrill im Kanal. Zwar ist die Umgebung nicht gerade toll, jedoch lassen sich hier oft unerwartet große Fische fangen.

Für **Seen** gibt es zwar keine Einteilung in Regionen wie bei den Flüssen, jedoch existieren hier ebenfalls Unterschiede.

Hochgebirgsseen enthalten sehr kaltes Wasser. Aus diesem Grund und da auch vom Land her wenig Nahrung ins Wasser gelangt, kommen nur wenige Fische mit den schwierigen Bedingungen zurecht. Häufig leben nur Seesaiblinge in den Seen, eine mit den Forellen verwandte Fischart. Dazu kommen unter nicht allzu kritischen Umständen auch Bachforellen.

Voralpenseen bieten den Fischen einen guten Lebensraum, die kälteres, sauerstoffreiches Wasser schätzen oder damit zurecht kommen. Dazu zählen Forellen, Hechte und Barsche. In seichteren und damit wärmeren Uferzonen fühlen sich zudem Karpfen und verschiedene Weißfische wohl.

Beim Spinnfischen an einem Voralpensee können Forellen und Hechte gleichermaßen beißen.

Flachlandseen lassen sich am ehesten mit der Brachsenregion der Flüsse vergleichen, da sie im Sommer sehr warmes Wasser enthalten und vielen Fischarten reichlich Nahrung liefern. Das liegt nicht zuletzt an den oft reichen Wasserpflanzen-Beständen. Es kommen fast alle Fischarten vor, die nicht allzu viel Sauerstoff benötigen.

Flachlandseen finden sich manchmal mitten im Wald.

Baggerseen entstehen durch das Ausbaggern von Kies, was meist in der Gegend um große Flüsse der Fall ist. Je nach Höhenlage lassen sich diese Gewässer als Mittelgebirgs- oder Flachlandseen ansprechen. Durch den harten Grund eignen Baggerseen sich sehr gut als Zandergewässer.

Kaum zu glauben, dass das einmal eine kahle Kiesgrube war. Jetzt bietet sie vielen Fischen einen angenehmen Lebensraum.

Dieser dicke Schuppenkarpfen ging um 4.15 Uhr morgens in einem Baggersee an den Haken.

Fische

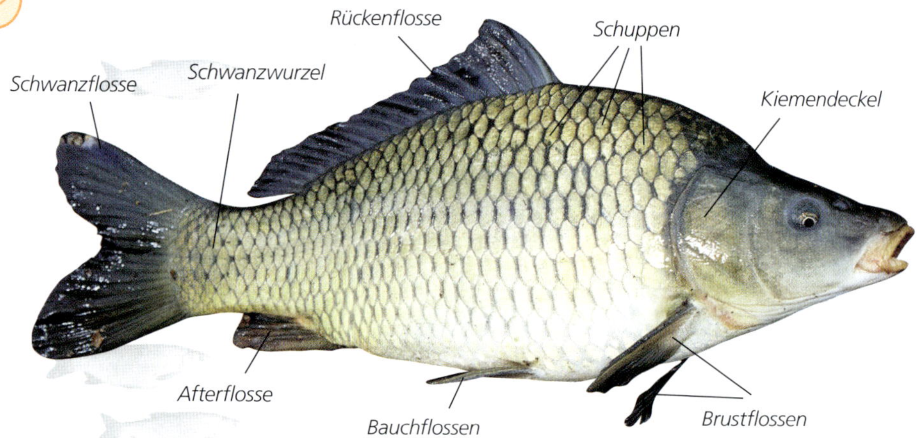

Fische teilen sich in zwei Gruppen: Die Fried- und die Raubfische. Zur Gruppe der **Friedfische** gehören unter anderem Karpfen, Rotaugen und Döbel. Sie **fressen hauptsächlich Würmer, Wasserschnecken und Insektenlarven**. Nur selten greifen sie zum einen oder anderen Kleinfisch. Deshalb ködert ihr je nach Fischart beispielsweise Brot, Dosenmais oder einen Wurm an. Die besten Köder lernt ihr auf den folgenden Seiten bei den einzelnen Fischarten kennen. Die meisten unserer einheimischen Fische zählen zu den Friedfischen.

Der Karpfen ist wohl der bekannteste Friedfisch. Mit seinen »Barteln« am Maul ertastet er Futter auf dem Grund und im Schlamm.

Der bekannteste **Raubfisch** dürfte bei uns der Hecht sein. Er **ernährt sich** wie andere Räuber in erster Linie **von kleineren Fischen**. Nicht zuletzt wegen ihrem im Vergleich zu den Friedfischen noch besseren Geschmack stellen Angler besonders gerne dem Hecht sowie Zander, Barsch und Wels nach. Neben Köderfischen locken künstliche Köder wie Blinker und Wobbler die Räuber an den Haken.

Der Hecht nahm einen 15 Zentimeter langen Wobbler.

Neben den hier im Buch vorgestellten Fischen gibt es bei uns noch viele weitere Arten. Auf den folgenden Seiten findet ihr jedoch die Fischarten, die ihr beim Angeln am häufigsten sehen werdet. **Diese Fische solltest du gut kennen und unterscheiden können**. Denn sie alle laichen zu unterschiedlichen Zeiten, weshalb sie häufig in den entsprechenden **Schonzeiten** geschützt sind. Zudem besitzen einige Arten verschiedene **Mindestmaße**. Sie sollen sicherstellen, dass jeder Fisch sich wenigstens einmal im Leben fortpflanzen konnte und nicht früher dem Gewässer entnommen wird. Zu jedem Fisch habe ich die passende Ausrüstung und bewährte Köder sowie Fangstellen notiert. Wenn ihr euch nach diesen Tipps richtet, kann eigentlich nichts schief gehen.

Friedfische

Rotauge / Plötze

Kennzeichen:	*Endständiges* Maul, Auge in der oberen Hälfte rötlich gefärbt
Gewicht / Länge maximal etwa:	2,5 kg / 45 cm
Verwechslungen möglich mit:	Rotfeder, Aland
Gewässer:	Wärmere Flüsse, Seen und Teiche
Laichzeit:	April-Mai
Beste Fangsaison:	Mai-Oktober
Gerät:	Leichte Posen- oder Grundrute
Schnurstärke:	0,16 mm
Hakengröße:	10-16
Montage:	Feststellpose, Laufblei
Wassertiefe:	Mittelwasser bis Grund
Köder:	Maden, kleine Würmer, Mais
Angelstellen:	Nähe von Wasserpflanzen, strukturierter Grund mit Steinen oder an *Scharkanten*, Rückströmungen

Das Rotauge lebt in fast allen wärmeren stehenden und fließenden Gewässern vom kleinen Graben bis zum großen Kanal und zählt nicht zuletzt deshalb zu den beliebtesten Angel- und Köderfischen. Obwohl Rotaugen recht viele Gräten besitzen, schmekken sie vor allem als Fischfrikadellen durchaus gut.

Rotfeder

Kennzeichen:	*Oberständiges* Maul, meist intensiv rote Flossen
Gewicht / Länge maximal etwa:	2,5 kg / 50 cm
Verwechslungen möglich mit:	Rotauge, Aland
Gewässer:	Wärmere Flüsse, Seen und Teiche
Laichzeit:	April/Mai
Beste Fangsaison:	Mai-Oktober
Gerät:	Leichte Posenrute
Schnurstärke:	0,16 mm
Hakengröße:	10-16
Montage:	Feststellpose
Wassertiefe:	Oberfläche bis Mittelwasser
Köder:	Maden, kleine Würmer und Brotkrusten
Angelstellen:	Vor Schilfgürteln, Krautbetten oder Seerosen

Mit ihren golden glänzenden Flanken und den kräftig rot gefärbten Flossen zählt die Rotfeder zu den schönsten einheimischen Fischen. Vom Rotauge unterscheidet sie sich nicht zuletzt durch die eher goldfarbenen Flanken, die bei der anderen Art eher bläulich schimmern. Die Rotfeder lebt vorzugsweise in stark mit Wasserpflanzen durchzogenen Gewässern, andererseits ist sie gelegentlich auch in Kanälen ohne jeden Bewuchs zu finden. Die besten Angelstellen liegen im Flachwasser oder dicht unter der Oberfläche im Bereich von Seerosen und anderen Pflanzen. Der Bauch des oben abgebildeten Fischs ist aufgrund des bereits weit herangereiften Laichs sehr dick. Damit der Fisch bald für Nachkommen sorgen kann, setzt ihn bitte zurück.

Döbel / Aitel

Kennzeichen:	Große Schuppen mit netzartiger, schwarzer Umrandung. Im Querschnitt fast drehrunder Körper, breiter Kopf
Gewicht / Länge maximal etwa:	5,5 kg / 70 cm
Verwechslungen möglich mit:	Hasel, Aland
Gewässer:	Von schneller strömenden Bächen bis in tiefe Flüsse. Selten in Teichen und Seen
Laichzeit:	April-Juni
Beste Fangsaison:	Mai-November
Gerät:	Leichte bis mittlere Posen- oder Grundrute, leichte Spinnrute
Schnurstärke:	0,25 mm
Hakengröße:	4-10
Montage:	Feststellpose, Laufblei, Spinnmontage
Wassertiefe:	Oberfläche bis Grund
Köder:	Frühstücksfleisch, Würmer, Kirschen, Brombeeren, kleine Köderfische oder Fischstücke, Spinner Größe 1 bis 3
Angelstellen:	Im Bereich von überhängenden Zweigen, Brückenpfeilern und anderen Strukturen, Mündungen von Nebenflüssen

Sicherlich zählt der Döbel in Hinblick auf Gewässerverbauungen und Verschmutzungen zu den anpassungsfähigsten Fischen. Er erreicht beachtliche Größen und der Fang von Fischen über 45 Zentimeter ist eine echte Herausforderung. Gerade die großen Fische kämpfen im Drill ganz beachtlich. Einige Angler fischen am liebsten auf Döbel, der wirklich als Allesfresser gelten darf und somit auch willig auf den Spinner beißt.

Aland / Nerfling

Kennzeichen:	Ähnelt dem Döbel, besitzt jedoch einen seitlich flacheren und höheren Körperbau sowie eine eher gerade statt nach außen gewölbte Afterflosse
Gewicht / Länge maximal etwa:	4 kg / 60 cm
Verwechslungen möglich mit:	Döbel, Rotauge, Rotfeder
Gewässer:	Mittelstark strömende Flüsse sowie einige Seen
Laichzeit:	April-Juni
Beste Fangsaison:	Juni-Oktober
Gerät:	Leichte Posen- oder Spinnrute
Schnurstärke:	0,20-0,25 mm
Hakengröße:	10-12
Montage:	Feststellpose, Spinnmontage
Wassertiefe:	Mittelwasser bis Oberfläche
Köder:	Würmer, Maden, Brotkrusten, Spinner Größe 1-2
Angelstellen:	Unter oder im Bereich überhängender Zweige, vor Wehrabbrüchen

Der Aland ist unberechenbar. Denn am einen Tag weist er selbst den einzelnen Rotwurm zurück, während er am nächsten den eigentlich viel zu großen, zwölf Gramm schweren Hechtblinker packt. Allgemein zählt der Aland jedoch zu den recht vorsichtigen Fischen, der am liebsten kleine, unverdächtig angebotene Köder nimmt. Deshalb sind feine Schwimmer mit dünner Antenne von Vorteil. Dabei solltet ihr die Pose so ausbleien, dass die Antenne nur etwa einen Zentimeter aus dem Wasser schaut.

Brachsen / Brassen

Kennzeichen:	*Endständiges* Maul, das beim Wühlen im Schlamm vorgestülpt werden kann. Hoher Körper, spitz zulaufende, gräulich gefärbte Flossen, sehr starke Schleimschicht
Gewicht / Länge maximal etwa:	8 kg / 75 cm
Verwechslungen möglich mit:	Güster
Laichzeit:	Mai-Juli
Beste Fangsaison:	April-Oktober
Gewässer:	Seen und Teiche sowie langsam strömende Flüsse
Gerät:	Leichte Posen- oder Grundrute
Schnurstärke:	0,20
Hakengröße:	10-14
Montage:	Feststell- oder Laufpose, Laufblei
Wassertiefe:	Grund
Köder:	Mais, Maden, Caster, Würmer
Angelstellen:	Über schlammigem Grund mit reichlich Nahrung

Egal ob träge fließender Kanal, schmaler Graben, Teich oder großer See – Brachsen gibt es fast überall. In einigen Gewässern nehmen sie durch menschliche Eingriffe in die Natur sogar so überhand, dass der Angler gefangene Tiere mitnehmen muss. Typisch beim Brachsenfischen mit der Pose sind die Hebebisse, bei denen der Fisch das unterste Blei anhebt und die Antenne aus dem Wasser steigt. Übrigens macht es keinen Sinn, nahe der Oberfläche schwimmende Brachsen anzuwerfen. Denn diese Fische lassen sich erfahrungsgemäß nicht zum Biss verleiten. Kurz vor dem Laichen stehende Fische gehen ebenfalls nicht an den Haken.

Barbe

Kennzeichen:	*Unterständiges* Maul, vier Barteln, fast flacher Bauch
Gewicht / Länge maximal etwa:	9 kg / 90 cm
Verwechslungen möglich mit:	Junge Barben mit dem Gründling
Gewässer:	Rasch strömende Flüsse und breitere Bäche
Laichzeit:	Mai-Juli
Beste Fangsaison:	Mai-November
Gerät:	Mittlere bis starke Grundrute
Schnurstärke:	0,25-0,30 mm
Hakengröße:	4-8
Montage:	Laufblei
Wassertiefe:	Grund
Köder:	Würmer, Maden, Käse, Frühstücksfleisch, Frolic
Angelstellen:	Einlauf von Nebenflüssen, Auslauf von Wehrgumpen

Die Barbe ist ein wunderschöner Fisch, dessen unterständiges Maul ihn als typischen Grundbewohner ausweisen. Barben könnt ihr häufig beim genauen Beobachten flacherer Gewässerbereiche entdecken. Blitzt irgendwo eine goldfarbene Flanke auf, suchen hier sehr wahrscheinlich Barben nach Futter. Werft die Grundmontage jetzt mit einem möglichst leichten Blei ein und haltet die Schnur zwischen den Fingern. So könnt ihr die Bisse direkt fühlen. Ohne Frage ist die Barbe einer der härtesten Kämpfer. Nach dem oft kräftigen Biss, bei dem eine unbewachte Rute rasch im Wasser landen kann, unternimmt die Barbe wieder und wieder kräftige Fluchten und nutzt dabei die Strömung, in der sie sich quer stellt. Erst im Kescher ist die Barbe wirklich gefangen.

Hasel

Kennzeichen:	Fast drehrunder, silbrig bis leicht bräunlicher Körper sowie kleines, etwas unterständiges Maul
Gewicht/Länge maximal etwa:	350 g / 33 cm
Verwechslungen möglich mit:	Döbel, Aland
Gewässer:	Kühlere mittelschnell bis langsam strömende Bäche und Flüsse sowie Zu- und Abflüsse sauberer Seen
Laichzeit:	März-Mai
Beste Fangsaison:	April-Oktober
Gerät:	Leichte Posenrute
Schnurstärke:	0,16 mm
Hakengröße:	14-18
Montage:	Feststellpose
Wassertiefe:	Oberfläche bis Mittelwasser
Köder:	Maden, kleine Würmer
Angelstellen:	Mitten in leichter bis mittlerer Strömung sowie gelegentlich in schützenden Rückströmungen

Eigentlich ist der Hasel ein hübscher, aufgrund seiner geringen Größe jedoch unauffälliger Fisch. Ein wenig zu Unrecht, da er ausgewachsen immerhin die Größe einer ordentlichen Forelle erreicht und sich an der Angel lebhaft zur Wehr setzt. Oft teilt er sich den Lebensraum mit Forellen und Äschen, seltener ist er dagegen in Gewässern der Brachsenregion oder in Kanälen anzutreffen.

Karausche

Kennzeichen:	Hochrückig, große Schuppen, keine Barteln
Gewicht / Länge maximal etwa:	3,5 kg / 50 cm
Verwechslungen möglich mit:	Giebel, Schuppenkarpfen
Gewässer:	Wärmere, seichte Seen und Teiche sowie langsam strömende Flüsse
Laichzeit:	Mai-Juni
Beste Fangsaison:	April-Oktober
Gerät:	Leichte Posen- oder Grundrute
Schnurstärke:	0,16-0,20 mm
Hakengröße:	8-14
Montage:	Feststell- oder Laufpose, Laufblei
Wassertiefe:	Grund
Köder:	Maden, kleine Würmer, Mais
Angelstellen:	Dicht vor Schilf, Wasserpflanzen und an weiteren nahrungsreichen Plätzen mit ausreichend Deckung

Die Karausche kommt mit sehr wenig Sauerstoff aus und ist leicht mit dem ähnlich robusten, gleich großen Giebel zu verwechseln. Die auch Silberkarausche genannte Art, die Urform des Goldfischs, lässt sich nur durch seine gerade oder etwas eingebuchtete Rückenflosse sowie den eher silbernen Körper und die schwarze Färbung der Innenseite des Bauchs von der Karausche unterscheiden. Häufig beißen beide Arten sehr vorsichtig und bewegen die Pose nur wenig oder überhaupt nicht. Dann zieht ihr den blanken Haken aus dem Wasser und wundert euch. Ein nur etwa fünf Zentimeter über den Haken an die Schnur geklemmtes Biss-Schrot kann jetzt weiterhelfen.

Schleie

Kennzeichen:	Kleines Maul, zwei Barteln, hohe Schwanzwurzel
Gewicht / Länge maximal etwa:	4,5 kg / 65 cm
Verwechslungen möglich mit:	nicht möglich
Gewässer:	Wärmere Seen und Teiche sowie langsam strömende Flüsse
Laichzeit:	Mai-Juli
Beste Fangsaison:	Mai-September
Gerät:	Leichte Posen- oder Grundrute
Schnurstärke:	0,16-0,20 mm
Hakengröße:	8-12
Montage:	Feststellpose, Laufblei
Wassertiefe:	Grund
Köder:	Mais, Rotwürmer, Maden
Angelstellen:	Vor Krautbetten und Schilf sowie in Krautlücken

Mit ihren grün-goldenen Flanken, ihrem stämmigen Körperbau und den schön gerundeten Flossen zählt die Schleie zu den Schönheiten unserer Gewässer. Männliche Tiere besitzen gegenüber den Weibchen deutlich größere Bauchflossen. Die Schleie hält sich gerne in trüberen, schattigen oder verkrauteten Gewässerpartien auf. Häufig beisst sie sehr vorsichtig, weshalb feines Gerät angesagt ist. Wie bei anderen empfindlichen Arten unterstützt ein Biss-Schrot an der Posenmontage die Bissanzeige sehr. Wie beim Karpfenangeln könnt ihr auch eine Fluchtmontage einsetzen, wobei ein Drittel eines frischen Frolic-Rings oder ein 12-Millimeter-Boilie in der Geschmacksrichtung »Tutti Frutti« als Köder dienen. Fädelt ihn mit einer Ködernadel auf das Haar. Entsprechend dem kleinen Maul der Schleie empfiehlt sich ein Haken der Größe 8.

Karpfen

Ein auffällig dicker Spiegelkarpfen (rechts). Schuppenkarpfen (unten) kämpfen in aller Regel sehr hart.

Kennzeichen:	*Unterständiges* Maul, vier Barteln
Gewicht / Länge maximal etwa:	35 kg / 100 cm
Verwechslungen möglich mit:	Karausche, Giebel
Gewässer:	Wärmere Seen und Teiche sowie langsam strömende Flüsse
Laichzeit:	Mai-Juli
Beste Fangsaison:	Mai-September
Gerät:	Mittlere bis starke Posen- oder Grundrute
Schnurstärke:	0,25-0,35 mm
Hakengröße:	1-4
Montage:	Feststell- oder Laufpose, Laufblei oder *Flucht-montage*
Wassertiefe:	Grund, gelegentlich Oberfläche
Köder:	Mais, Würmer, Teig, Frolic, Boilies
Angelstellen:	In der Nähe von Wasserpflanzen, Schilf, Rückströmungen und anderen Strukturen im Wasser

Der Karpfen schwimmt in den meisten wärmeren Gewässern und erreicht eindrucksvolle Größen. Selbst kleine Fische kämpfen kräftig an der Angel, weshalb stärkeres Gerät nötig ist. Am häufigsten kommen die Spiegelkarpfen mit einer Schuppenreihe am Rücken auf jeder Seite vor. Schuppenkarpfen besitzen einen vollständig beschuppten Körper. Auf Karpfen erwies sich die Fluchtmontage als besonders fängig. Stehen die Karpfen im Sommer an der Oberfläche, könnt ihr sie mit fest um den Haken gedrückter Weißbrot-Krume fangen. Unter dem Haken bleibt das Brot locker. Die Montage besteht aus dem dem Haken direkt an der Hauptschnur. Taucht den Köder kurz ins Wasser und werft ihn etwas seitlich an den Fischen vorbei und zieht ihn dann sachte in Sichtweite. Hat der Karpfen den Köder eingesaugt, sofort anschlagen.

Raubfische

Barsch

Kennzeichen:	Stachelstrahlen an der vorderen der beiden Rükkenflossen, Bauch-, After- und Schwanzflosse meist rot gefärbt, schwarze Querstreifen auf den grünlichen Flanken, *Kammschuppen*
Gewicht / Länge maximal etwa:	3,25 kg / 55 cm
Verwechslungen möglich mit:	Kaulbarsch
Gewässer:	Seen und Teiche sowie langsam strömende Flüsse
Laichzeit:	April-Juni
Beste Fangsaison:	Juni-November
Gerät:	Leichte Posen- oder Grundrute, Spinnrute
Schnurstärke:	0,16-0,20 mm
Hakengröße:	2-10
Montage:	Feststell- oder Laufpose, Laufblei, Spinnmontage
Wassertiefe:	Alle Gewässerschichten
Köder:	Würmer, Köderfische, kleine Spinner, Twister und Wobbler
Angelstellen:	Bootsstege, vor Wasserpflanzen, Schilf, Baumwurzeln und anderen Hindernissen

Sehr gut beißen Barsche auf den nur am Schwanzende angeköderten Wurm unter der Pose. Und jagen die Räuber im Sommer an der Oberfläche, was an den in Panik über die Oberfläche flüchtenden Brutfischen zu erkennen ist, fängt ein direkt an die Stelle geworfener kleiner Spinner fast sicher seinen gestreiften Räuber.

Zander

Kennzeichen:	Stachelstrahlen an der vorderen der beiden Rükkenflossen, wesentlich schlanker als der Barsch, silbern bis golden glänzende Schuppen. Die Augen spiegeln bei einem Lichtschein in der Dunkelheit.
Gewicht / Länge maximal etwa:	19 kg / 115 cm
Verwechslungen möglich mit:	nicht möglich
Gewässer:	Seen sowie Flüsse mit langsamer bis mittlerer Strömung
Laichzeit:	April-Mai
Beste Fangsaison:	Mai-November
Gerät:	Leichte bis mittlere Posen- und Grundrute, mittlere Spinnrute
Schnurstärke:	0,25-0,30 mm
Hakengröße:	1-2
Montage:	Feststellpose, Laufblei, Spinnmontage
Wassertiefe:	Meistens am Grund, gelegentlich in der Dämmerung und bei Nacht an der Oberfläche
Köder:	Twister, Gummifische, Köderfische (6-15 cm) an Posen- oder Grundmontage
Angelstellen:	In der Nähe von Futterfischen über Kiesgrund sowie im Bereich von Buhnen und Strömungskanten.

Zander gehören zu den beliebtesten Fischen der Angler und breiten sich in immer mehr Gewässer aus. Heute gehen die meisten Zander sicherlich auf Twister und Gummifische. Die Farbe der Köder spielt keine Rolle, da Zander meist in trübem Wasser und tief am Grund stehen. Somit sehen sie kaum etwas und orientieren sich vielmehr an den Schallwellen der Köder. Im Drill wehrt sich der Zander erst kurz vor der Landung kräftiger. Häufig befreit er sich mit heftigem Kopfschütteln jetzt noch vom Haken.

Hecht

Kennzeichen:	Tiefgespaltenes Maul mit sehr vielen Zähnen, Rückenflosse auf Höhe der Afterflosse
Gewicht / Länge maximal etwa:	32 kg / 145 cm
Verwechslungen möglich mit:	nicht möglich
Gewässer:	Seen und Teiche sowie Flüsse mit langsamer bis mittlerer Strömung
Laichzeit:	Februar-Mai
Beste Fangsaison:	Mai/Juni und September/Oktober
Gerät:	mittlere bis schwere Grund- und Spinnrute, Stahlvorfach
Schnurstärke:	0,25-0,40 mm
Hakengröße:	2/0-1
Montage:	Feststell- oder Laufpose, Laufblei, Spinnmontage
Wassertiefe:	Große Fische häufig am Grund, um die Laichzeit herum sowie im Herbst im Flachwasser
Köder:	Verschiedenste größere Spinnköder, tote Köderfische 8-20 cm)
Angelstellen:	Im Frühjahr und Herbst in Flachwasserbereichen mit reichlich Futterfischen, ansonsten in der Nähe von Unterständen wie Seerosen, oder Bootsstegen sowie an ruhigen Stellen im Fluss

Hechte beeindrucken vor allem durch ihr unglaubliches Gebiss, das aus mehreren hundert Zähnen besteht. Die meisten davon sind nach hinten gerichtet, weshalb ein einmal gepackter Futterfisch kaum noch entkommt. Ein Rachensperrer schützt deshalb die Hände des Anglers beim Hakenlösen. Stehen Hechte in dichten Wasserpflanzen mit nur ein paar Zentimeter Wasser darüber, fängt ein Oberflächenwobbler am besten.

Aal

Kennzeichen:	Unverwechselbarer, schlangenartiger Körper mit sehr schleimiger Haut
Gewicht / Länge maximal etwa:	6 kg / 140 cm
Verwechslungen möglich mit:	nicht möglich
Gewässer:	Außer in sehr kalten und schnellströmenden Flüssen, in fast allen Fließgewässern und wärmeren Seen anzutreffen
Laichzeit:	Wandert ab September zum Laichen in die Sargassosee, die im Atlantik vor der Küste Nordamerikas unterhalb der Bermuda-Inseln liegt.
Beste Fangsaison:	Mai-Oktober
Angelstellen:	Im Grunde überall, wo es reichlich Futter gibt.
Gerät:	Mittlere bis starke Grundrute
Schnurstärke:	0,30-0,35 mm
Hakengröße:	1/0-2
Montage:	Feststell- oder Laufpose, Laufblei
Wassertiefe:	Grund
Köder:	Würmer, tote Köderfische

Aale gehen hauptsächlich bei Nacht, jedoch zwischen dichten Wasserpflanzen sowie bei trübem Wasser und Wetter auch tagsüber an den Haken. Als universellster Köder stellte sich der Tauwurm heraus. Aale gibt es mit schmalem Kopf (Spitzkopfaale) und mit breitem Kopf (Breitkopfaale). Im Unterschied zur oft geäußerten Meinung, dass Spitzköpfe nur Würmer und andere Wirbellose fressen und Breitköpfe sich ausschließlich von Fischen ernähren, nehmen beide das gerade zur Verfügung stehende Futter.

Lachsartige (Salmoniden)

Bachforelle

Kennzeichen:	Mehr oder weniger stark ausgeprägte rote Tupfen auf den Flanken, keine Punkte oder Flecken auf der Schwanzflosse, meist ist die Partie oberhalb des weißen Bauchs gelblich gefärbt.
Gewicht / Länge maximal etwa:	15 kg / 100 cm
Verwechslungen möglich mit:	See- und Meerforelle, zwei nahen Verwandten
Gewässer:	Kalte, klare, sauerstoffreiche Bäche, Flüsse und Seen
Laichzeit:	Dezember-März
Beste Fangsaison:	April-Juni und September-Oktober
Gerät:	Leichte Spinnrute
Schnurstärke:	0,20 mm
Hakengröße:	8-12
Montage:	Spinnmontage
Wassertiefe:	Oberfläche (Abend) bis Grund (tagsüber)
Köder:	Spinner Größe 1-3
Angelstellen:	In Flüssen in Gumpen oder hinter schützenden Felsen oder Büschen, in der Dämmerung mitten in Fluss oder See

Von den eng verwandten See- und Meerforellen unterscheidet sich die Bachforelle vor allem durch ihre ausgeprägten roten Punkte auf den Flanken. Wie andere Forellen fressen Bachforellen gleichermaßen Insektenlarven, Kleinkrebse und kleine Fische. Durch das grundsätzlich räuberische Verhalten lassen sich Bachforellen gut mit dem Spinner fangen. Allerdings ist in vielen Forellengewässern nur noch das Fliegenfischen (siehe Seite 106) erlaubt.

Regenbogenforelle

Kennzeichen:	Violetter Streifen entlang der Seitenlinie, deutliche dunkle Punkte und Flecken auf der Schwanzflosse
Gewicht / Länge maximal etwa:	12 kg / 90 cm
Verwechslungen möglich mit:	Meerforelle
Gewässer:	Kalte sowie auch etwas wärmere aber doch recht sauerstoffreiche Bäche, Flüsse und See. Einige Fische wandern als »Steelheads« auch in die Ostsee
Laichzeit:	Dezember-April (geschieht in Europa selten)
Beste Fangsaison:	April-September/Oktober
Gerät:	Spinnrute
Schnurstärke:	0,20 mm
Hakengröße:	8-12 (Spinnköder), 1-4 (Naturköder)
Montage:	Feststellpose, Spinnmontage
Wassertiefe:	Oberfläche (Abend) bis Grund (tagsüber)
Köder:	Spinner Größe 1-3
Angelstellen:	In Gumpen und vor allem im freien Wasser, in sehr schnellen Gewässern jedoch hinter Felsen und Ähnlichem

Die leicht zu züchtende Regenbogenforelle findet sich heute in vielen Gewässern, die der Bachforelle zu warm sind. Außerdem verträgt die aus Nordamerika stammende Regenbogenforelle Gewässerverunreinigungen besser. Leider schwimmt sie auch in den Teichen von gewerblich betriebenen Angelteichen. Dort können Angler ohne ausreichende Kenntnisse mit allen Ködern auf Forellen fischen, wobei die Tiere häufig alles andere als waidgerecht behandelt werden.

Standardausrüstung

Der wichtigste Grundsatz bei der Wahl aller Ausrüstungsteile lautet, **nie das Billigste** zu nehmen. Denn es erfüllt nur selten über längere Zeit den Zweck und dann müsst ihr wieder etwas kaufen. Also greift besser zu Material der mittleren Preisklasse. Ein **Tipp**: Schaut bei Ruten und Rollen nach Auslaufmodellen vom Vorjahr. Sie kosten häufig ein Viertel bis ein Drittel weniger und sind sicherlich genauso gut, wie die ganz aktuellen Ausführungen.

Die beiden Angler nehmen zum Bootsfischen je eine Rute und einen Angelkoffer mit Zubehör mit.

Das Maximum

Sicherlich werdet ihr irgendwann sehen, dass Angler mit weniger und einfacherer Ausrüstung besser fangen, als andere mit dem neuesten Material. Der Grund dafür liegt zum einen wahrscheinlich darin, dass die leichter Ausgerüsteten mehr über Fische und Gewässer wissen und nur das wirklich Nötige mitnehmen. Und zum anderen holen sie das Beste aus ihrer Ausrüstung heraus, wobei ihr auf den folgenden Seiten immer wieder die entscheidenden Tipps findet. Achtet einfach auf Max, den Angler.

Rute

Geht ihr in ein Fachgeschäft, seht ihr häufig eine Unzahl unterschiedlichster Ruten in verschiedenen Längen und Stärken, bunt oder eher schlicht gehalten, sehr billig oder richtig teuer. Da fällt die Wahl nicht leicht, sieht man einmal von Preisen außerhalb deiner Möglichkeiten ab. **Für alle Angeltechniken empfehlen sich heute Ruten aus Kohlefaser**. Sie sind besonders leicht und besitzen einen geringen Durchmesser. Eine **Alternative** bilden **Modelle aus einer Glas-/Kohlefaser-Mischung**, die etwas weniger kosten.

Geräte-Empfehlung

Mit nur zwei unterschiedlichen Ruten meistert ihr bestimmt 95 Prozent aller Angelsituationen, vom kleinen Bach bis zum Strom:

1. Leichte, zweiteilige Steckrute, Mittelteilaktion, 2,70-2,80 Meter lang, *Wurfgewicht* 10-40 Gramm, Grifflänge 50 Zentimeter. Bei leichten Wurfgewichten wirft diese Rute mit einer Hand am Griff und bei schwereren mit beiden Händen. Also ist die Rute ein »Anderthalbhänder« – wie halbgroße Schwerter im Mittelalter.

2. Mittelstarke, zwei- oder besser dreiteilige Steckrute Mittelteilaktion, 3,60 Meter lang, *Wurfgewicht* 20-80 Gramm (oder entsprechende Karpfenrute mit *Testkurve* 2 1/2 *lb*), Grifflänge 70 Zentimeter. Zweihandrute, die im Wurf fast immer mit beiden Händen geführt wird.

Eine 2,80 Meter lange Spinnrute (oben) mit einem Wurfgewicht von 10-40 Gramm (oben) sowie eine 3,60 Meter (12 Fuß) lange 2 1/2-lb-Karpfenrute kommen mit fast allen Situationen zurecht.

Zwar gibt es neben den Steckruten auch Teleskop-Modelle, bei denen sich mehrere Teile ineinander schieben lassen. Allerdings hängt die Verteilung der Ringe von der Länge der einzelnen Teile ab und nicht wie bei den Steckruten von der bestmöglichen Verteilung im Verlauf der Biegekurve. Zudem unterbrechen die Verbindungen zwischen den Teilen die Kurve. Jedoch trägt eine gleichmäßige Biegung zu genaueren Würfen bei und die Rute wird unter der Last eines Fischs gleichmäßig belastet.

Der einzige Vorteil der Teleruten liegt in ihrer geringen Transportlänge. Aber etwa 1,40 bis 1,50 Meter bei zweiteiligen Steckruten sind auch nicht viel.

Steckrute am Rad

Am Fahrrad lässt sich eine Steckrute in ihrem Futteral einfach mit zwei Schnüren am Rahmen befestigen, wobei sie nicht verrutschen darf. So angebracht, stört die Steckrute auch am Rad nicht mehr, als eine Telerute im Rucksack. Allerdings darf die angebundene Rute keinesfalls Lenkung, Bremsen oder Beleuchtung beeinträchtigen.

Mit zwei Schnüren am Rahmen befestigt lassen sich auch Steckruten bequem mit dem Fahrrad transportieren.

Bei der **Mittelteilaktion** biegt sich die Rute unter Belastung erst etwa bis zur Mitte und erst bei stärkerem Zug bis ins Handteil. Diese ***Aktion* ermöglicht genaue Würfe, setzt ausreichend fest den *Anhieb* und fängt weich die Fluchten eines Fischs ab**. **Spitzenaktionen und durchgehende Biegungen sind weniger vielseitig**.

Die **Ringe sollten eine harte Einlage** aus Aluminium-Oxid (wie Fuji-Hard oder Seymo-Hardlon) oder noch besser aus Silizium-Carbid (SIC) **besitzen**. Sie werden selbst im Laufe von Jahren von der Schnur nicht eingeschnitten und schonen dadurch die Leine. Ringe mit einem Steg genügen für die leichte Rute, stabilere Ausführungen mit Doppelsteg dürfen es bei der mittleren sein.

Als **Griffmaterial** bietet sich **Kork** an, der sich unter allen Temperaturen angenehmer als irgendein Kunststoff anfühlt und sich mit etwas Seife und einer feinen Bürste leicht reinigen lässt.

Hier hat die Rute zum Fang eines schönen Hechts beigetragen.

Richtige Wahl

Wählt immer die Rute zum Fischen aus, die am besten zum Wurfgewicht passt. Nur so lassen sich optimale Würfe ausführen. Und baut die Ruten nach dem Fischen ab und packt sie ins Futteral. Das vermeidet Beschädigungen beim Transport. Nicht zuletzt solltet ihr daheim die Rutenringe mit Wasser säubern, damit Schmutzpartikel beim nächsten Fischen nicht die Schnur aufscheuern.

Rolle

Angelrollen müssen drei Aufgaben erfüllen: Sie speichern die Schnur, helfen beim Werfen und dienen zum Einholen des Fischs. Stationärrollen lassen sich dabei am einfachsten bedienen.

Oben eine Stationärrolle mit Frontbremse. Der Widerstand wird über den Drehknopf vorn an der Spule eingestellt. Vorne seht ihr eine Rolle mit Freilauf, die ihr über den Hebel hinten am Gehäuse einschaltet. Das Rad darunter reguliert die Bremswirkung.

Geräte-Empfehlung
Die Größe der Rolle könnt ihr am Schnurfassungs-Vermögen erkennen. Passend zu euren beiden Ruten benötigt ihr diese Rollen:

1. Stationärrolle mit Kopfbremse, **Schnurfassung 100 Meter 0,30 Millimeter** starke Leine. Übersetzung bis höchstens 1:5,4

2. Stationärrolle mit Kopfbremse, **Schnurfassung 150 Meter 0,35 Millimeter**. Übersetzung höchstens 1:5,4

Kopfbremse bedeutet, das die Beläge der Schleifbremse vorne auf der Spule liegen. Das ermöglicht im Vergleich zur hinten im Gehäuse untergebrachten Heckbremse größere Durchmesser der Beläge. Das ergibt eine insgesamt haltbarere Bremse und einen einfacheren Zugang für Wartungsarbeiten. Und die **Bremse muss auf Zug an der Schnur die Leine ohne Rucken gleichmäßig freigeben**. Beim Kampf mit einem großen Fisch werdet ihr sehen, wie wichtig eine gute Bremse ist.

Menge statt Qualität
Eines der häufigsten Werbe-Argumente der Rollenhersteller ist die Anzahl der Kugellager. Tatsächlich bringen acht Kugellager jedoch nicht mehr als zwei oder drei.

Vor dem Kauf solltest du außerdem darauf achten, dass sich das **Schnurlaufröllchen** leicht dreht. Das schont die Schnur. Nicht zuletzt sollte die **Spule** auf der Rolle möglichst **nicht wackeln** und die Rolle beim Kurbeln nicht »eiern«, sprich seitlich hin und her wackeln. Als praktisch stellte sich zudem heraus, wenn sich der Schnurfangbügel nicht nur durch eine Kurbelumdrehung, sondern auch einfach von Hand schließen lässt.

Ist das Gerät sorgfältig zusammengestellt, kann man es sich beruhigt unter dem Angelschirm gemütlich machen.

Freilauf

Die etwas teureren **Freilauf-Rollen verfügen** neben der normalen **über eine zweite Bremse**: Während Angler in stehenden Gewässern den Bügel offen lassen können, damit der Fisch beim Biss keinen Widerstand spürt, zieht in Fließgewässern bereits die Strömung Leine von einer normalen Stationärrolle. Dagegen kann der **Widerstand eines Freilaufs bei geschlossenem Bügel so fein eingestellt** werden, **dass zwar die Strömung keine Schnur abzieht, ein Fisch jedoch kaum Gegenzug fühlt**. Wird nach dem Biss oder zur Schnuraufnahme der Freilauf gesperrt, dann wirkt wieder die normale Bremse.

Gleichzeitig verhindert der Freilauf, dass ein beißender Fisch eine mit geschlossenem Bügel abgelegte **Rute in den Fluss reißt**, was sonst vor allem bei **Fluchtmontagen** (mehr dazu im Kapitel »Grundangeln«) auch im See fast täglich vorkäme. Fischt ihr jedoch nicht regelmäßig mit dieser Methode, kommt ihr auch ohne Freilauf aus. Denn notfalls kann man auch die normale Rollenbremse auf die Strömung einstellen. Wie ihr beim **Anhieb** vorgeht, lest ihr bei den oben schon genannten Fluchtmontagen.

Wartungs-Arbeiten

Nach einem Angeljahr solltet ihr an den Rollen die Spule abnehmen, das Rollengehäuse aufschrauben und altes, verschmutztes Fett mit einem Tuch oder Ohrstäbchen entfernen. Danach werden Zahnräder, Spindeln und andere bewegliche Getriebeteile sowie die Spulenachse neu gefettet. Ein Tropfen Öl gehört jeweils an den Kurbelgriff, ans Schnurlaufröllchen und an die Achsen des Schnurfangbügels. Keinesfalls darf Öl oder Fett an die Beläge der Bremse gelangen, da sie sonst häufig nicht mehr ruckfrei funktioniert. Bei einer Kopfbremse solltet ihr die Beläge sauberwischen und sie in der gleichen Reihenfolge wie beim Auseinandernehmen wieder einbauen.

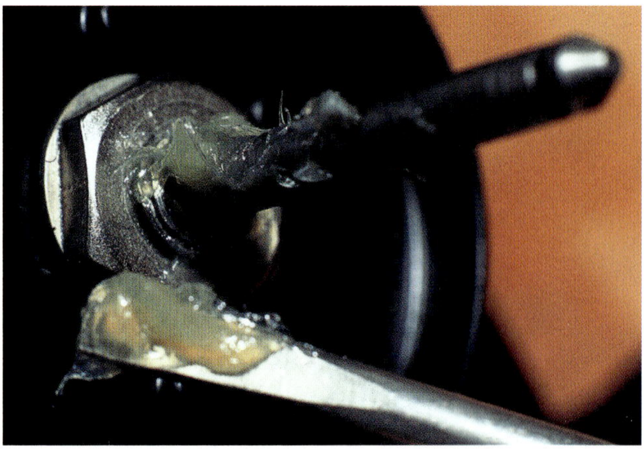

Das Fetten der Spulenachse gehört zu den wichtigen Wartungsarbeiten.

Schnur

Ähnlich wie bei Ruten und Rollen ist das Angebot an Schnüren riesig. Für fast alle Angeltechniken eignen sich **Monofilschnüre** sehr gut. Sie bestehen aus einem einzigen »Faden«, wobei selbst erstklassige Leinen pro 100 Meter abhängig vom Durchmesser nur etwa 5 bis 8 Euro (8 bis 12 SFr) kosten.

Geräte-Tipp
Über lange Jahre habe ich viele Schnüre beim Fischen ausgiebig getestet und bin jetzt bei einer Leine angekommen, die mich voll zufrieden stellt. Somit kann ich hier eine klare Empfehlung aussprechen, wobei mir niemand auch nur einen Euro dafür bezahlt.

Es ist die »Stroft GTM« des deutschen Herstellers Waku, der Angler auch direkt beliefert (Tel. 04533 - 13 42). Denn bei dieser Leine stimmen die Angaben über Durchmesser und Tragkraft, sie dehnt sich wenig und besitzt eine universelle graue Farbe. Zudem weist sie eine gute Abriebfestigkeit auf. Mit den Stärken 0,20 und 0,25 Millimeter deckt ihr die meisten Situationen ab. Nur bei vielen Hindernissen in Gewässern oder wenn mit sehr großen Fischen zu rechnen ist, geht ihr auf 0,30 Millimeter oder darüber.

Grundsätzlich genügen von der Schnur etwa 150 Meter auf der Spule. Fasst eure Rolle mehr, könnt ihr eine etwa 0,10 Millimeter dickere Billigschnur oder einfach eine alte Angelschnur zum Füllen aufspulen. Das spart Geld.

Die Spule rechts trägt zu wenig Schnur, die linke ist richtig gefüllt.

Füllen und tauschen

Achtet darauf, dass die Spule bis etwa einen Millimeter unter die Kante des Spulenrands gefüllt ist. So kann die Schnur im Wurf leicht von der Spule laufen und springt trotzdem nicht ungewollt ab. Nach dem Fischen solltet ihr wenigstens die ersten 30 Zentimeter der Schnur abschneiden, da sie hier mit ziemlicher Sicherheit während dem Fischen zumindest leicht aufgeraut wurde. In jedem Fall müsst ihr nach jedem Hänger und jedem Drill die Schnur auf Beschädigungen prüfen. Erscheint sie auch nur etwas rau, schneidet unbedingt den defekten Teil ab, selbst wenn es zwei Meter oder mehr sind. Dadurch bleibt die Tragkraft erhalten.

Noch eins: Die Leine spätestens alle zwei, drei Jahre komplett austauschen, da sie dann nicht zuletzt durch die Sonnenstrahlen an Tragkraft verloren hat. Legt deshalb die Spulen daheim auch am besten in einen dunklen Schrank oder in den Keller.

Schlaufenknoten

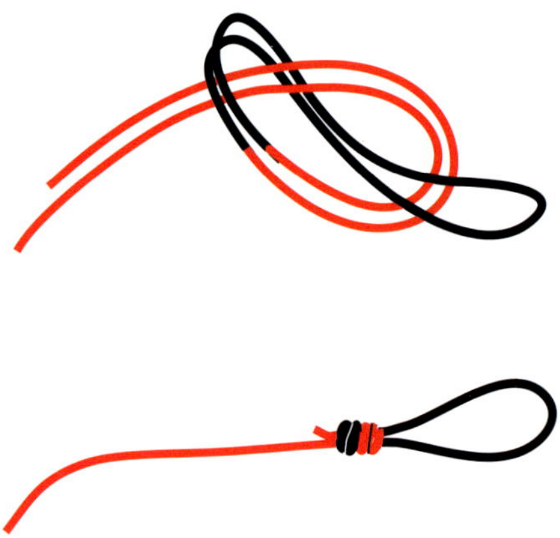

Knoten für Plättchenhaken

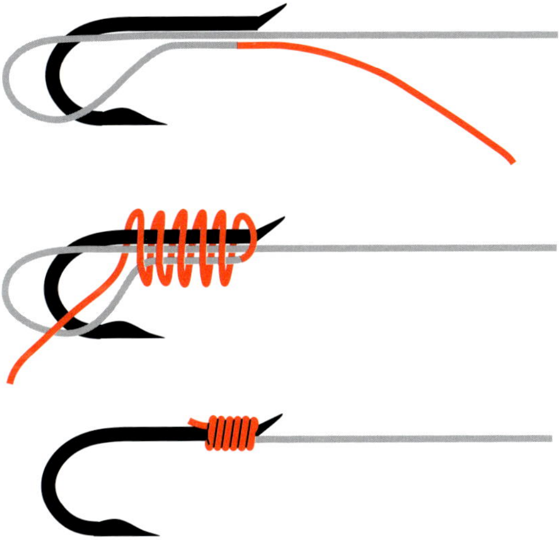

Double-Grinner-Knoten

zum Verbinden von Schnüren

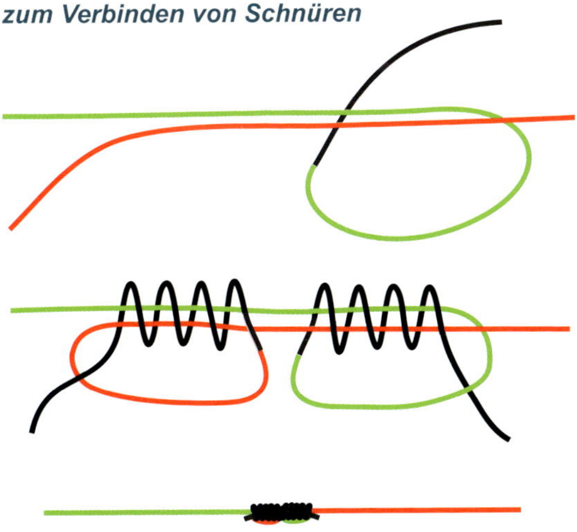

Dieser Knoten erreicht seine maximale Tragkraft, wenn die Enden jeweils genau vier Mal durchgezogen werden.

Seine größte Tragfähigkeit erhält der Knoten, wenn du das Ende genau fünf Mal durchfädelst.

Grinner-Knoten

zum Anbinden der Schnur an ein Öhr

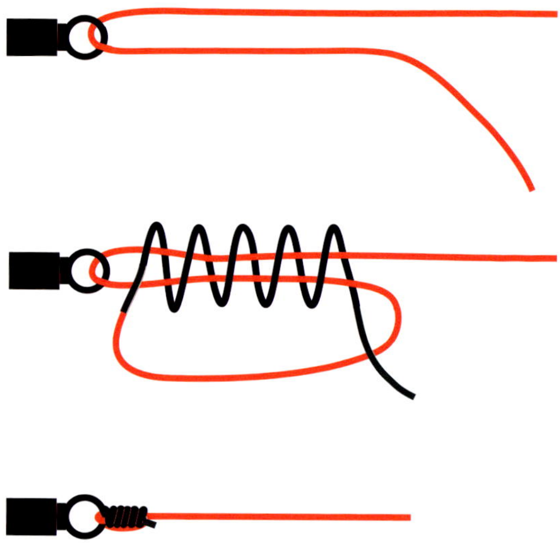

Als *Vorfach* wird das etwa 0,05 Millimeter dünnere Schnurstück zwischen Haken und Wirbel bezeichnet. Bei einem *Hänger* reißt es vor der stärkeren *Hauptschnur*, was in Gewässern mit vielen Hindernissen am Grund die *Montage* rettet. Stahlvorfächer vermeiden, dass Hechte mit ihren Zähnen die Schnur durchbeißen. Dazu mehr ein paar Zeilen später.

Weniger ist mehr

Vermeidet Vorfächer, wann immer möglich. Denn das spart zwei Knoten und damit zwei Schwachstellen in der *Montage*. Jedoch gibt es Angelsituationen und -techniken, bei denen ein *Vorfach* sinnvoll ist. Die folgende Tabelle hilft bei der Entscheidung dafür oder dagegen:

	Mit Vorfach	Ohne Vorfach	Stahlvorfach
Viele *Hänger* möglich	X	-	-
Hänger unwahrscheinlich	-	X	-
Fluchtmontage	X	-	-
Köder *auffädeln* (Frühstücksfleisch, Köderfische)	X	-	-
Auf Raubfisch in Hechtgewässern	-	-	X

Biss-Sicherheit selbst gemacht

Wie »normale« Vorfächer lassen sich Stahlvorfächer für das Angeln auf Hechte ebenfalls selbst herstellen. Den Stahl können beispielsweise Hechte mit ihren scharfen Zähnen nicht durchbeißen. Am besten fertigt ihr auch Stahlvorfächer selbst an, zumal der Handel gerade in diesem Bereich nicht immer das optimale und sicherste Material anbietet.

Für die Vorfächer benötigt ihr den gewünschten Stahldraht, Klemmhülsen und eine Kombizange oder ein spezielles Modell. Dazu kommen Wirbel oder Haken.

Zum Fertigen von Stahlfächern genügen siebenfädiger Stahldraht, Klemmhülsen und eine Kombi- oder Spezialzange.

Material

- Siebenfädiger Stahldraht (»1x7«), Tragkraft ein wenig niedriger als die Hauptschnur
- Klemmhülsen, durch die sich der Draht dreimal durchfädeln lässt
- Haken oder Wirbel
- Kombizange oder besser noch eine spezielle Zange für Klemmhülsen, wobei gute Modelle oft über 30 Euro (47 SFr) kosten.

Arbeitsschritte

- Draht durch die Klemmhülse fädeln
- Haken oder Wirbel draufschieben
- Draht wieder zurück durch die Hülse führen und etwa fünf Millimeter herausschauen lassen
- Hülse mit der Zange fest zudrücken

Spinnmontage

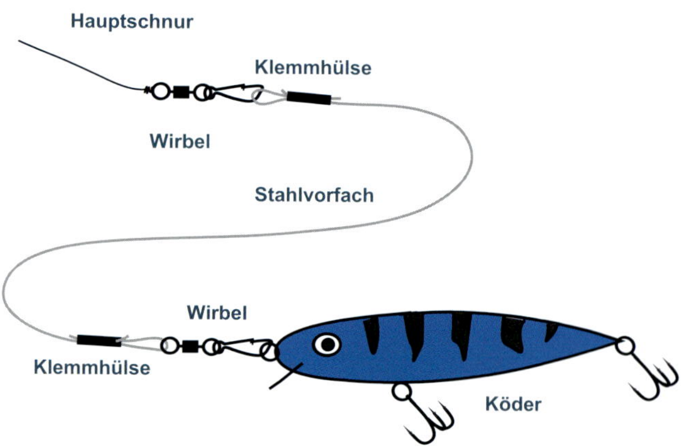

Drillings-System
für tote Köderfische am Stahlvorfach

Die Vorfachlänge beträgt etwa 60 Zentimeter. Der Abstand der Drillinge hängt von der Größe des Köderfischs ab.

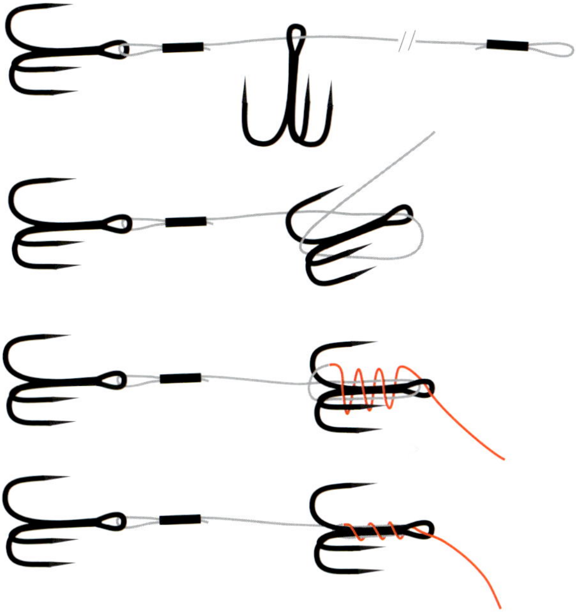

Kescher

Zum Landen eines Fischs verwendet ihr meist einen Kescher. Denn nur kleine Fische bis etwa 300 Gramm lassen sich einfach an der Schnur aus dem Wasser heben, größere belasten Schnur und Rute zu stark. Außerdem kann sich der Fisch bei dieser Aktion rasch vom Haken schütteln.

Ein stabiler Kescher mit einer Gesamtlänge von 2,5 Metern und etwa 60 Zentimeter langen Armen landet zuverlässig selbst große Fische, durch seine Länge auch an steilen Ufern. Hier liegt er einsatzbereit am See.

Sehr leicht lassen sich **Klappkescher** transportieren, da ihr die Kescherarme an den Stiel schwenken könnt. Die meisten Modelle besitzen außerdem einen **Teleskopstiel**, den der Angler bei Bedarf um fast die doppelte Länge auseinander ziehen kann.

Glatte Maschen

Moderne **Keschernetze** werden **knotenlos** gefertigt. Denn die früher üblichen Knoten führten schnell zu **Verletzungen der empfindlichen Schleimschicht** auf der Haut der Fische. Und ohne diesen Schutz können sich unter anderem Pilze und Bakterien festsetzen, **die sogar zum Tod des Fischs führen können**. Solltet ihr einen alten Kescher erhalten, könnt ihr ihn mit einem neuen Netz ausrüsten.

Knotenlose Keschernetze vermeiden Verletzungen der empfindlichen Schleimhaut der Fische. Dadurch konnte auch diese Schleie nach dem Foto unverletzt weiterschwimmen.

Auf Nummer sicher

Nie solltet ihr euch darauf verlassen, dass der geschlossene Klappkescher sich ohne Widerstand öffnen lässt. Denn hängt erst ein Fisch am Haken, vielleicht sogar ein großer, könnt ihr mit einer Hand das Landegerät kaum problemlos entfalten. Zu oft verfängt sich das Netz an den Kescherarmen in Zweigen oder sonst wo. Somit ist es besser, den Kescher bereits vor dem ersten Wurf zu öffnen. Das ist einer der wichtigsten Grundsätze beim Angeln.

Grundsätzliches Zubehör

Einige Zubehörteile benötigt ihr für alle Angeltechniken. Das beginnt mit dem **Wirbel**. Er wird zwischen *Hauptschnur* und *Vorfach* oder Kunstköder eingebunden. Er verhindert durch seine beiden drehbaren Ösen zu einem guten Teil, dass Bewegungen der *Montage* die Hauptschnur *verdrallen*.

Diese Wirbelmodelle sind am stabilsten. Genaue Größen lassen sich nicht angeben, da kein einheitliches Zahlensystem existiert. Jedoch könnt ihr die oben abgebildeten Größen als Anhaltspunkt nehmen.

Fischt ihr mit einem Vorfach oder Kunstköder, könnt ihr diese in einen **Karabiner** einhängen. Er ermöglicht das Austauschen ohne Anknoten. Der Fachhandel bietet Wirbel und Karabiner meist kombiniert an.

Ohne **Haken** gäbe es das Angeln nicht. Für das Angeln mit Naturködern wie Mais oder Fischstücke auf Fried- und Raubfische eignen sich Einzelhaken gleichermaßen gut, wobei große Köderfische häufig auch an *Drillingen* gefischt werden. Und fast alle Kunstköder sind mit den Dreifachhaken ausgerüstet.

Haken gibt es in allen denkbaren Ausführungen, aus starkem und feinem Draht, in verschiedenen Formen, mit Öhr oder Plättchen zum Anknoten der Schnur.

Widerstand zwecklos

Eigentlich dient der Widerhaken nur der Beruhigung der Angler und schadet den Fischen. Ohne Widerhaken kannst du den Haken äußerst schonend aus dem Gewebe des Fischmauls ziehen, während der Widerhaken unnötige Verletzungen verursachen kann. Test: Einen Haken mit sowie einen ohne durch ein Blatt Papier stechen und zurückziehen. Aber keine Angst vor Fischverlusten. Denn hält der Fischer die Schnur im Drill ständig unter Spannung, kann der Fisch auch einen widerhakenlosen Haken kaum abschütteln.

Allerdings gehört der Widerhaken leider noch immer zu fast allen Haken. Deshalb drückt eine Zange einfach den Widerhaken platt und fertig ist der Schonhaken. Dabei bleibt meist ein kleiner Wulst hinter der Hakenspitze stehen, der jedoch beim Herausziehen nicht stört und dennoch den Haken ein weniger fester im Maul hält.

Die Zange drückt mit Gefühl den Widerhaken flach.

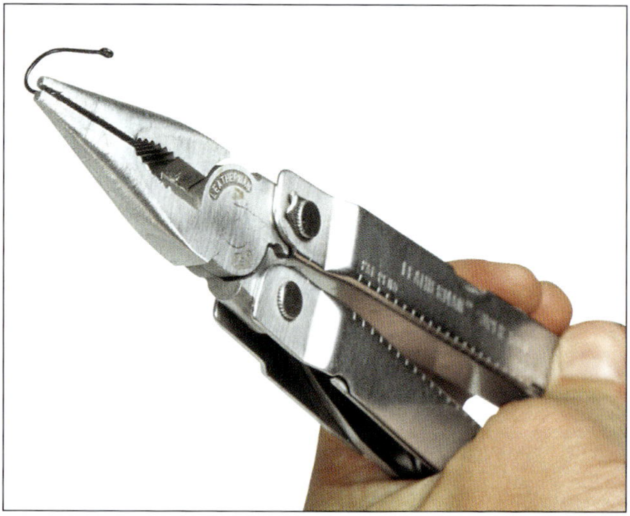

Ob Öhr- oder Plättchenhaken hängt im Wesentlichen von der Hakengröße ab. Denn Haken zum Angeln kleiner Friedfische werden in aller Regel mit Plättchen angeboten, größere wahlweise mit Öhr, das durch seine runde Ausführung weniger Kanten zum Beschädigen der Schnur aufweist.

Geräte-Empfehlung

Am besten besorgt ihr Einzelhaken mit Rundbogen und mittellangem Schenkel in folgenden Ausführungen:

Größe	1	4	8	10	16
Befestigung	Öhr	Öhr	Öhr	Plättchen	Plättchen
Oberfläche	brüniert	brüniert	brüniert	brüniert	brüniert

Selbst ist der Angler

Zwar bietet der Fachhandel fertig an Vorfächer gebundene Haken an, jedoch rate ich zu losen Haken. Sie sind billiger, ihr könnt sie direkt an die Hauptschnur binden und die Vorfachlänge, die Stärke der Schnur und die Marke genau nach euren Wünschen aussuchen. Dann wisst ihr genau, mit was ihr angelt und könnt auf sauber gebundene Knoten achten.

Zum wichtigsten Standard-Zubehör zählen nicht zuletzt **Glasperlen** zum Aufziehen auf die Schnur. Eine Perle schützt beim Grundangeln den Knoten an einem Wirbel vor sonst immer wieder darauf knallenden Bleien und beim Fischen mit der Laufpose liegt sie zwischen dem Schwimmer und dem Stopper. Dadurch kann sich der Schwimmer nicht am Stopper verfangen.

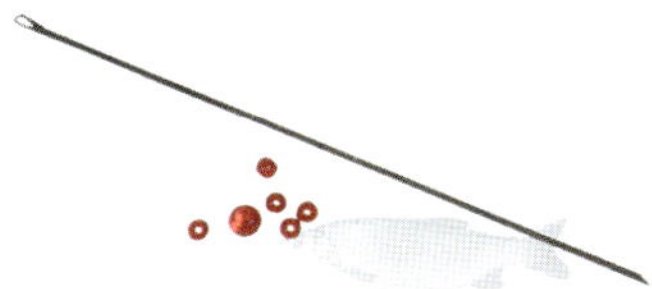

Und ohne die **Ködernadel** gestaltet sich das Anködern unter anderem von Frühstücksfleisch oder Köderfischen häufig als sehr schwierig, wenn nicht unmöglich. Am besten lackiert ihr die unscheinbare Nadel mit etwas orangener Leuchtfarbe aus dem Bastelladen, dann seht ihr sie besser und sie geht nicht so leicht verloren.

Perlen und die Ködernadel gehören zwar zum billigsten, gleichzeitig allerdings zum wichtigsten Zubehör.

Nicht zuletzt müsst ihr für den Umgang mit den gefangenen Fischen eine **Arterienklemme** zum Hakenlösen, ein **Maßband**, einen **Schlegel** zum Betäuben der Fische, ein **Messer** und ein kleines **Frotteetuch** mitnehmen, das eure Hände von Fischschleim oder der klebrigen Soße vom Dosenmais befreit.

Ohne Messer, Arterienklemme, Schlegel und Maßband darf kein Angler ans Wasser gehen.

Werfen

Kann ein Angler genau werfen, fängt er im Unterschied zu weniger geübten Fischern deutlich mehr. Denn landet der Köder eher nach dem Zufallsprinzip irgendwo im Wasser, obwohl er woanders hin sollte, liegt er meist abseits der fängigen Stelle.

Weniger ist mehr

Ein großer Teil der Angler überschätzt die Bedeutung von besonders weiten Würfen, die nur in wenigen Fällen wirkliche Vorteile bringen. Tatsächlich stehen die meisten Fische näher am Ufer, als die meisten Fischer vermuten. Oft genug konnte ich auch große Fische nur zwei oder drei Meter vor dem Ufer haken.

Wer auf der Wiese fleißig werfen übt, wird am Wasser besser treffen.

Das Werfen übt ihr am besten auf einer Wiese, wo keine Angelmöglichkeit von den Übungen ablenkt. Macht euch nichts daraus, wenn einige Leute komisch schauen – **schließlich werdet ihr nicht zuletzt durch diese Übungen bald zu den besseren Anglern gehören**.

Am besten sucht ihr einen festen Standpunkt und legt in einer Entfernung von zunächst sieben Meter ein Ziel ab. Das kann eine Jacke oder Ähnliches sein. Versucht dann in aller Ruhe und auf eure Wurftechnik konzentriert, das Ziel zu treffen. Erst wenn ihr das Ziel mit fast jedem Wurf trefft, solltet ihr die Entfernung verdoppeln.

Vorbereitung zum Wurf

- Bei einem Rechtshänder liegt die rechte Hand an der Rute, der Rollenfuß zwischen Ring- und Mittelfinger.
- Bei einer Zweihandrute führt die linke Hand zusätzlich den Rutengriff am hinteren Ende. Das gilt auch für das leichte Anderthalbhand-Modell, sofern ein etwas schwererer Köder an der Leine hängt.
- Bei geschlossenem Bügel die Schnur auf die Fingerkuppe nehmen.
- Bügel aufklappen.

Der Rollenfuß liegt zwischen Mittel- und Ringfinger. Während der Zeigefinger die Schnur hält, öffnet die andere Hand den Rollenbügel.

Beim Wurf bildet die Rute gewissermaßen den verlängerten Arm des Anglers und sollte somit schon beim Beschleunigen in die Richtung zum Ziel zeigen. Also achtet unbedingt darauf, dass Unterarm und Rute in einer Linie stehen und sich kein Knick zwischen beiden zeigt.

Unterhandwurf

Der Unterhandwurf eignet sich **für kurze Entfernungen. Ohne ihn geht unter überhängenden Zweigen oder in kleinen Bächen überhaupt nichts**. Das Schwungholen und Zielen geschieht durch die Pendelbewegung.

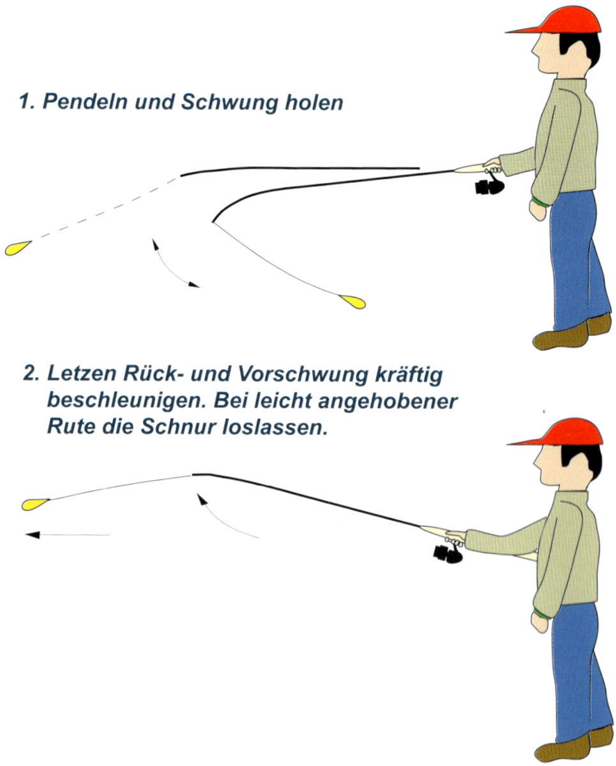

Überkopfwurf

Der Überkopfwurf ist der **Standard für weite Würfe sowie für schwere Gewichte** beim Karpfen- oder Hechtangeln. Entsprechend dem Unterhandwurf empfiehlt sich ein kurzes Pendeln zum Zielen, bevor die Rute nach hinten geführt wird.

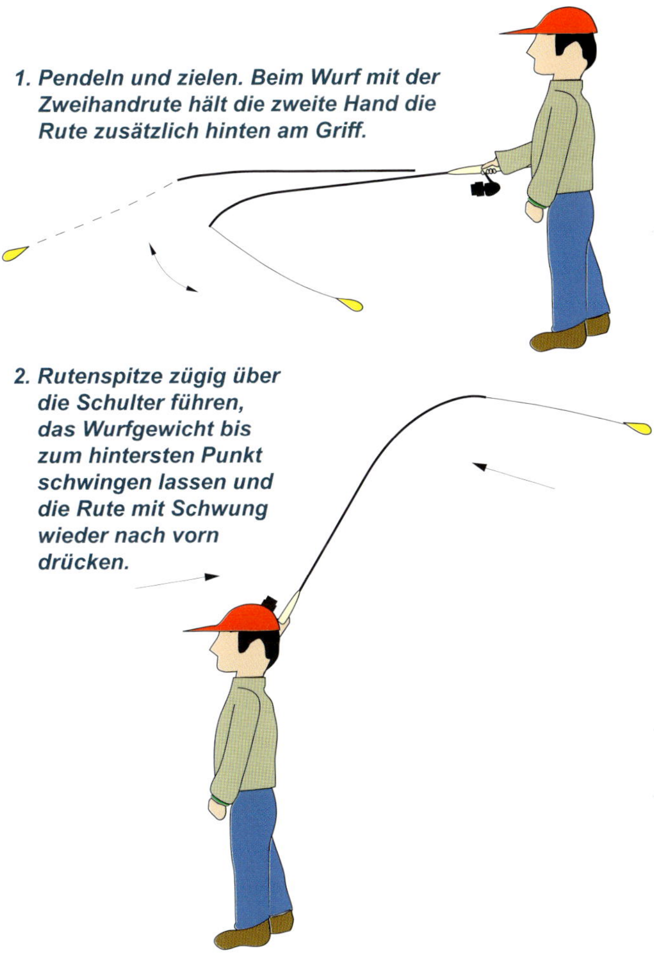

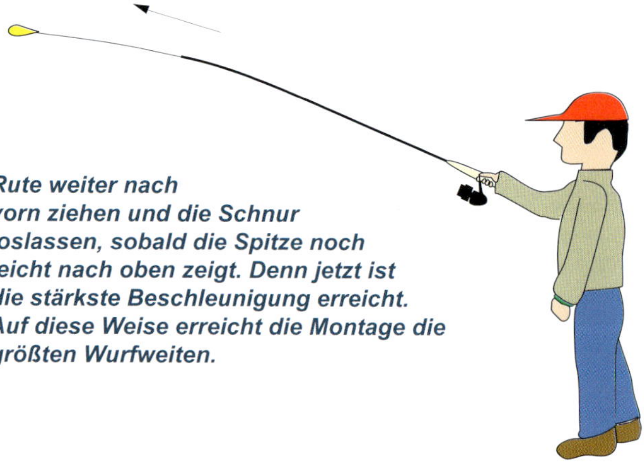

3. *Rute weiter nach vorn ziehen und die Schnur loslassen, sobald die Spitze noch leicht nach oben zeigt. Denn jetzt ist die stärkste Beschleunigung erreicht. Auf diese Weise erreicht die Montage die größten Wurfweiten.*

Seitenwurf

Der Seitenwurf ist gewissermaßen ein mit schräg zur Seite gehaltener Rute ausgeführter Überkopfwurf, **wenn** für diesen durch Bäume oder anderes **der Platz für die Rutenspitze nach oben nicht ausreicht**. Allerdings fliegt der Köder ohne ausreichende Übung oft nach links oder rechts am Ziel vorbei.

Bei überhängenden Zweigen verhindert der Seitenwurf einen Hänger in den Ästen.

Der Grund: Die Rute vollführt beim Beschleunigen statt einer geraden eine bogenförmige Bewegung. Und wenn der Zeigefinger die Schnur nicht zum genau richtigen Augenblick loslässt, verfehlt der Wurf die gewünschte Richtung.

Immer gerade halten

Viele Angler kippen die Rolle zur Seite beziehungsweise nach unten weg, sobald die Rute zu Beginn des Wurfs nach hinten geführt wird. Die Folge: Am Ende der Beschleunigung nach vorn rutscht die Rolle wieder in die ursprüngliche Position zurück, wobei die jetzt entstehende seitliche Bewegung die Rute aus der Richtung reisst. Und der Köder verfehlt das Ziel. Die Lösung: Die Rute vor Beginn des Wurfs waagerecht halten, wobei die Rolle gerade nach unten hängt, und dann so fest zugreifen, dass sich die Rute in der Hand nicht drehen kann.

Ein sauberer Wurf brachte ein schönes Rotauge.

Naturköder

Fische nehmen als Köder fast alles, was auch für Menschen genießbar ist. Darüber hinaus gehen sie auf Würmer, Maden und Kleinfische oder Fischstücke. Im Laufe der Zeit stellten sich einige Köder als besonders fängig heraus. Und darunter befinden sich einige, die sich sehr leicht beschaffen lassen.

Naturköder auf Friedfische

Allgemein gehen Friedfische auf **pflanzliche Köder sowie Würmer und andere *Wirbellose***. Jedoch greifen größere Friedfische wie Barbe, Döbel oder Karpfen gelegentlich auch zu Kleinfischen. Abgesehen vom Döbel lohnt sich das gezielte Angeln mit Fischköder auf Friedfische jedoch kaum.

Weißbrot

Zu den universellsten Ködern gehört Weißbrot, da es verschiedensten Fischen offenbar schmeckt und sich auf unterschiedlichste Weise anbieten lässt.

Das beginnt mit der **Brotkruste**, von der ihr ein Stück schwimmend an der Oberfläche oder mit einem Bleischrot beschwert auf Grund den Karpfen anbieten könnt. Vor dem Werfen wird sie für einen kurzen Augenblick ins Wasser getaucht. Die Flocke saugt etwas Wasser auf, wird also schwerer und lässt sich dadurch weiter werfen.

Das funktioniert genauso bei der **Flocke**, die aus Brotkrume besteht. Ein Stück davon wird im oberen Bereich um den Haken gedrückt, der Rest bleibt locker. Das ergibt einen weichen, sehr attraktiven Köder. Auf Haken in Größen von 8 bis 1 fängt die Flocke sehr gut Karpfen. Habt ihr es auf kleinere Arten abgesehen, verwendet ihr einfach kleinere Haken und Flocken. Jedoch kann darauf genauso ein Karpfen beißen.

Brotteig wird entweder aus sehr frischem Weißbrot ohne Wasser geknetet oder mit etwas Wasser vermengt. Jedenfalls sollte der Teig geschmeidig sein und sich leicht um den Haken drücken lassen. Brotteig eignet sich für alle Haken- und Fischgrößen.

Genauso sieht es mit **Paniermehlteig** aus, der einen etwas anderen, meist kräftigeren Geruch besitzt. Und Paniermehl gibt es in jedem Supermarkt zu kaufen und lässt sich gut lagern und somit ständig bereithalten.

Die Brotflocke (links) wird fest um den Haken gedrückt, der Rest bleibt locker. Rechts ist eine angeköderte Brotkruste zu sehen.

Alle Köder auf Brotbasis lassen sich bestens durch **Duftstoffe** im Geruch verändern. Das gelingt bereits mit Materialien aus der Küche wie ein, zwei Tropfen Bittermandel-Essenz, worauf der Köder nach Marzipan duftet. Einen ganz anderen Geruch ergeben Parmesan- und Schmelzkäse, auf den besonders Barben und Döbel stehen. Auch Vanillezucker und Curry erwiesen sich bereits auf verschiedenste Fischarten als fängig. Darüber hinaus lässt sich noch mit vielen weiteren Stoffen experimentieren.

Mit einfachen Mitteln aus der Küche könnt ihr Ködern einen besonderen Duft verleihen.

Mais

Dosenmais gibt es fast überall zu kaufen, duftet für viele Fische unwiderstehlich und besitzt eine attraktive, weithin sichtbare Farbe. Maiskörner fangen fast alle Friedfische von zehn Zentimeter an aufwärts. Selbst zehn Kilo schwere Karpfen gingen bereits auf ein einzelnes Korn. Jedoch könnt ihr genauso zwei oder drei Körner auf den Haken spießen. Am unverdächtigsten wirkt jedoch ein einzelnes.

Mais wird mit der »Spitze« zuerst auf den Haken gesteckt. Ein oder zwei Körner fangen besser als eine größere Menge.

Am richtigen Ende sparen

Viele Angler meinen, dass sie mit drei und noch viel mehr aufgefädelten Maiskörnern mehr Karpfen fangen. Tatsächlich erreichen sie das Gegenteil. Denn so eine Kette wirkt ziemlich unnatürlich, weshalb sie etliche vorsichtige und damit große Fische abschreckt. Ein bis zwei Körner fangen mindestens genauso viel und mehr.

Leckere Köder locken einen Mitesser an. »Haste mal ´n Frolic?«

Frühstücksfleisch

Auf Döbel und Barben dürfte es kaum einen besseren Köder als Frühstücksfleisch geben. Diese Dosenwurst riecht kräftig und ist durch seine helle Farbe am Grund gut zu sehen. Und genau dort wird sie mit einer Bodenblei-Montage meist angeboten, nur sehr selten unter der Pose.

Frühstücksfleisch fädelt ihr am besten in Würfel geschnitten mit der Ködernadel auf ein *Vorfach*, da es einfach auf den Haken gesteckt nicht so gut hält. Ein kurzes Stück eines Grasblattes unter den Hakenbogen geklemmt verhindert, dass der Haken bei einem etwas kräftigeren Wurf durch den Köder gezogen wird.

Frühstücksfleisch zieht ihr am besten mit der Ködernadel auf ein Vorfach. Ein Grashalm unter dem Hakenbogen verhindert das Ausreißen des Hakens bei etwas stärkeren Würfen.

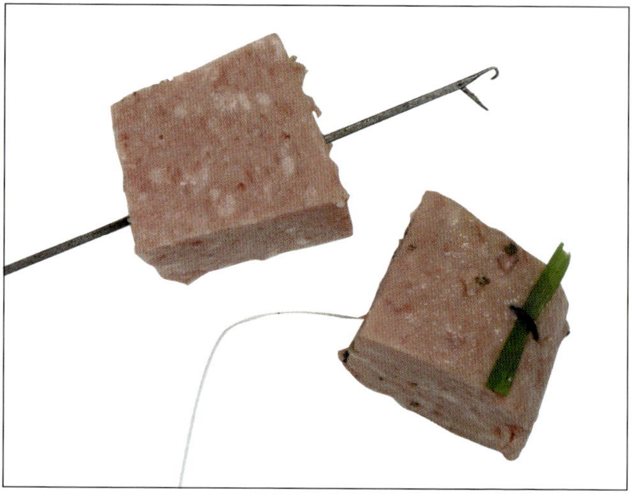

Würmer

Kaum ein Fisch kann Würmern widerstehen. Selbst Räuber wie der Zander fallen immer wieder darauf herein. Und das Angeln auf Aale ist fest mit dem Wurm verbunden. »Der Wurm« an sich ist der **Tauwurm**, der beachtliche Größen erreicht und offenbar sehr gut riecht. Meist wird er an Haken um die Größe 1 herum angeboten. Haken von 10 bis 4 eignen sich für den **Rotwurm**. Er riecht sehr kräftig und erwies sich unter anderem als sehr guter Köder auf Schleien und Karauschen.

Würmer zählen zu den fängigsten Ködern

Auf Wurmfang

Tau- und Rotwürmer gibt es zwar auch im Angelladen zu kaufen, jedoch könnt ihr sie viel billiger auch selbst besorgen. Rotwürmer finden sich vor allem in Komposthäufen oder unter verrottendem Holz im Wald sowie unter Gehwegplatten im Garten. Für den Fang von Tauwürmern ist feuchte, nicht von wochenlanger Dürre tief hinunter getrocknete Erde eine Voraussetzung. Eine etwas mühsame Methode ist das Umgraben der Erde mit dem Spaten. In feuchteren Nächten könnt ihr dann jedoch zur Taschenlampe greifen.

Denn jetzt liegen die Würmer in Rasenflächen fast vollständig auf dem Boden und ragen nur mit dem hinteren Ende in die Wohnröhre. Wer jetzt vorsichtig den Rasen absucht und die Würmer nicht direkt anleuchtet, kann sie mit einem schnellen Griff nahe der Wohnröhre fassen und vorsichtig herausziehen. Vielleicht gelingen die ersten Versuche nicht – die Würmer sind verdammt schnell. Aber nach etwas Übung klappts dann auch mit dem Tauwurm.

Rotes Licht können Tauwürmer nicht sehen.

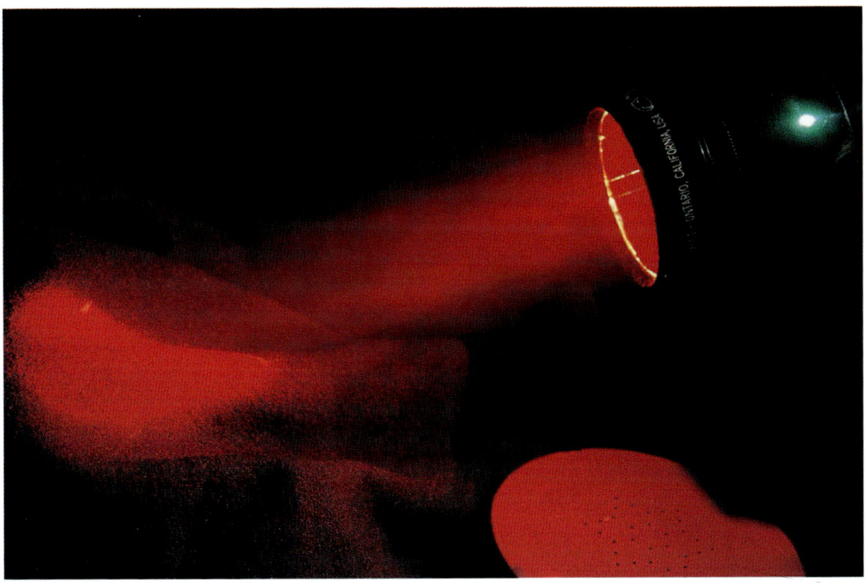

Fleischmaden

Ohne Frage gehören Fleischmaden zu den erfolgreichsten Ködern auf kleine und mittelgroße Fische von der Laube bis zum Brachsen. Am besten kauft ihr die Maden im Angelladen, da die Aufzucht auf verdorbenem Fleisch recht eklig ist. Maden werden einzeln, zu zweit oder in größerer Zahl auf den Haken gezogen. Bereits verpuppte Maden fangen ebenfalls sehr gut, obwohl ihre Hülle hart ist.

Maden zählen zu den besten Friedfischködern.

Ein kritischer Gedanke
Persönlich fische ich sehr ungern und somit äußerst selten mit Würmern und Maden, obwohl ich absolut von der Fängigkeit überzeugt bin. Denn meiner Ansicht nach bereitet es den Tieren bestimmt keine Freude, lebendig auf den Haken gespießt und anschließend unter Wasser getaucht zu werden.

Naturköder auf Raubfische

Auf dem Speiseplan von den in diesem Buch beschriebenen Raubfischen stehen fast ausschließlich kleinere Fische, weshalb **nur Fische als sinnvolle Raubfischköder** in Frage kommen.

Die gebräuchlichsten Köderfisch-Arten sind Rotauge, Rotfeder, Laube sowie andere kleine Fische, die nicht unter *Artenschutz* stehen. Erlaubt sind aus Tierschutzgründen meist nur tote Köderfische. Sie lassen sich im Ganzen oder als Stücke und Fetzen anködern.

Sobald in einem Gewässer Hechte leben, müsst ihr beim Angeln mit Köderfischen in jedem Fall ein Stahlvorfach montieren. Denn auch beim Angeln auf Aal, Barsch oder Zander kann jederzeit ein Hecht beißen, der normale Schnüre schnell durchtrennt.

Anködern
von toten Köderfischen

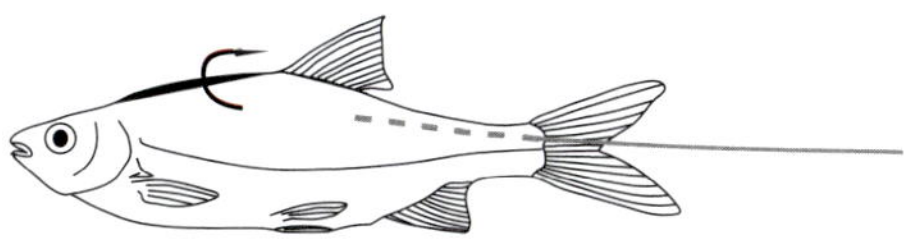

Aufgefädelter Köderfisch am Einzelhaken

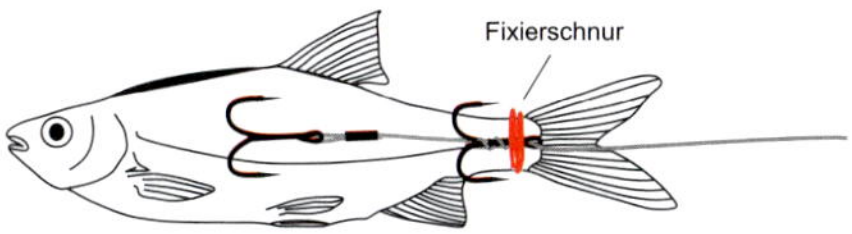

Sofortanschlag-System mit zwei Drillingen

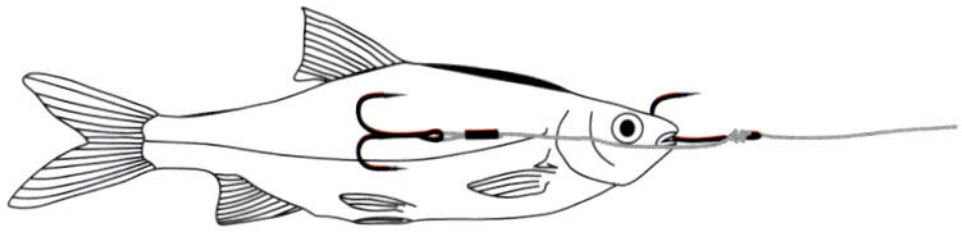

Schnellanschlag-System mit einem Drilling

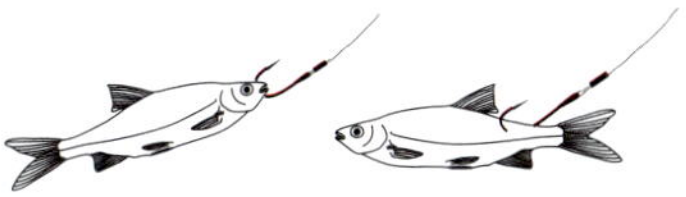

Kleine, wiederum tote Köderfische am Einzelhaken

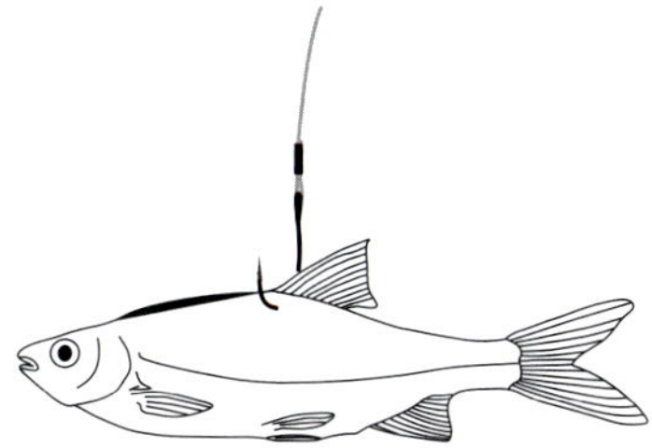

Einzelhaken-Montage für schwebende Köder
(Haken entsprechend groß)

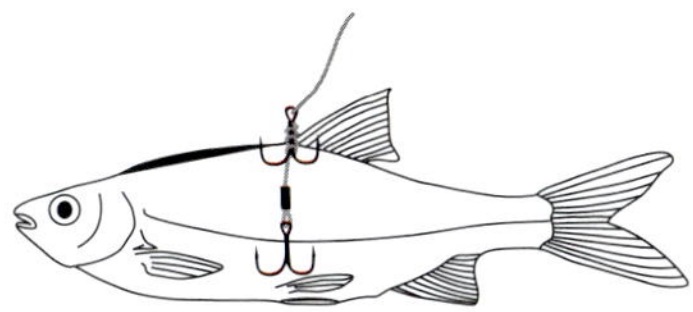

Sofortanschlag-System für schwebende Köder

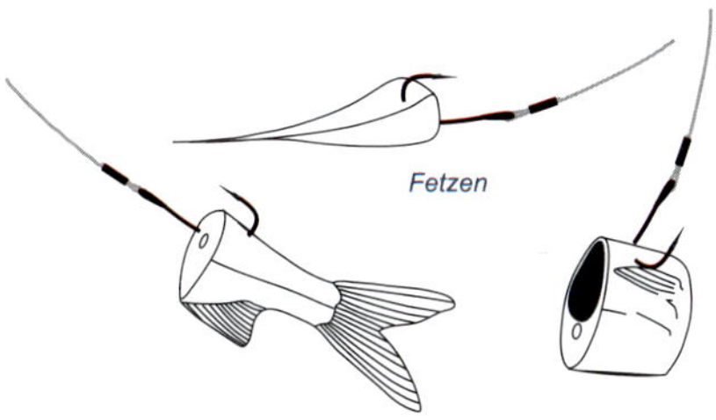

Fischstücke

Montagen & Taktik

Grundsätzlich läuft der Fang eines Fisches so ab:

- Rute und Rolle zusammenbauen
- Zubehör wie Blei oder Schwimmer an der Schnur befestigen
- Haken an die Schnur knoten
- Köder auf den Haken stecken
- Auswerfen
- Nach dem Biss den *Anhieb* setzen
- Den Fisch zum Ufer ziehen und mit dem Kescher landen

Die Einzelheiten zu den wichtigsten Angeltechniken findet ihr in den folgenden Kapiteln.

Ein schön gefärbter Schuppi ging an die Grundmontage.

Grundangeln

Beim Grundangeln geht es auf die Fried- und Raubfische, die ihr Futter häufig oder immer dicht über, auf oder im Gewässergrund suchen. Dazu zählen Karpfen, Brachsen, Döbel, Barben, Aale und Zander.

Zubehör zum Grundangeln

- Birnenbleie mit eingegossenem Wirbel in Gewichten von acht, 15, 20, 30 und 50 Gramm
- Rutenhalter mit Teleskop-Erdspießen, ein Paar pro Rute. Am besten verfügen die Erdspieße über ein Normgewinde, auf das neben den Rutengabeln unter anderem elektronische Bissanzeiger passen.
- Bissanzeiger, am besten einen elektronischen Bissmelder oder ein einfaches Aalglöckchen (nachts mit Knicklicht, mehr dazu beim Nachtangeln)

Auf Erdspieße (engl. »Bank Sticks«) mit Normgewinden könnt ihr Rutengabeln oder Bissanzeiger schrauben. Elektronische Bissmelder sind vor allem beim Angeln über viele Stunden eine große Hilfe.

Der Grundsatz zur Auswahl lautet: **Je schwächer die Strömung, je leichter der Köder und je kürzer die Wurfentfernung, desto leichter das Blei**. Somit genügt zum Beispiel im See bei einer Wurfentfernung von vielleicht zehn Metern mit einem Maiskorn als Köder das acht Gramm leichte Blei, während ein 15 Gramm schweres Blei einen zehn Zentimeter langen Köderfisch unter den gleichen Umständen sicherer zum Grund befördert. Und ein Würfel Frühstücksfleisch hält sich bei leichter bis mittelstarker Strömung bei einem Wurf schräg stromab besser an 20 Gramm im Fluss, ohne gleich wieder ans Ufer getrieben zu werden.

Birnenbleie von zehn bis 80 Gramm decken fast alle Situationen ab.

Schwere Bleie montierst du am besten über ein kurzes Stück »Anti-Tangle-Tube« auf die Schnur, da sich beim Wurf der Druck des Gewichts über eine größere Länge der Leine verteilt und sie nicht an einer Stelle stark belastet und ihr somit schadet. **Abgesehen vom Angeln mit einer Fluchtmontage (siehe Kasten), läuft das Blei frei auf der Schnur**, wodurch es der Fisch beim Biss nicht mitziehen muss und es somit kaum bemerkt.

Das Anti-Tangle-Röhrchen verteilt im Wurf den Druck des Bleis gleichmäßiger auf die Schnur und schützt bei mindestens der gleichen Länge wie das Vorfach vor Verwicklungen der Montage.

Gleitmontagen
für das Grundangeln

Bleie bis etwa 15 g
Haken direkt an der Hauptschnur, kein Vorfach

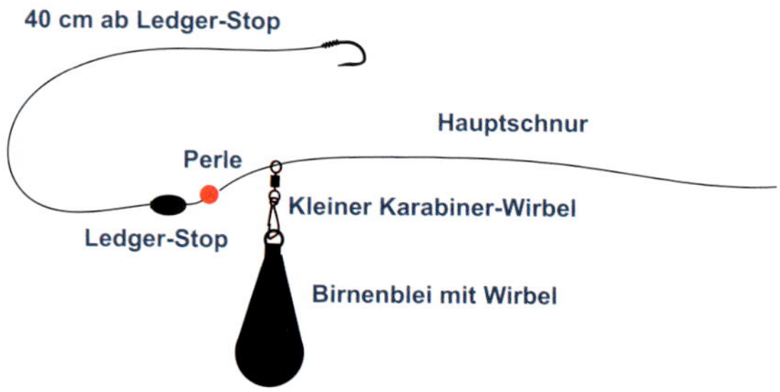

Bleie ab etwa 20 Gramm
Haken am Vorfach gebunden

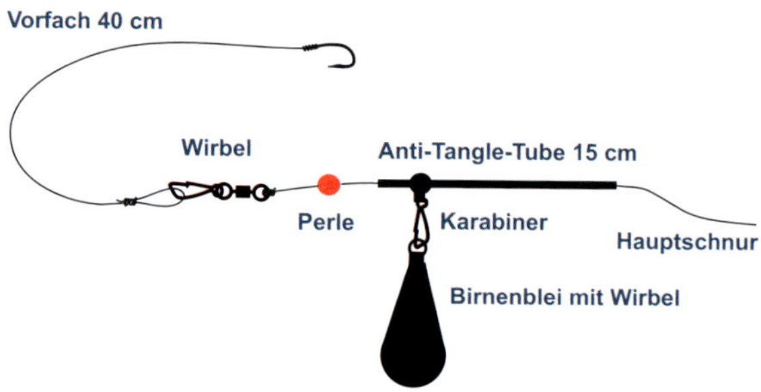

Unter dem Ringgummi am Rutengriff klemmt locker die Schnur. Dadurch bleibt sie leicht gespannt.

Für die **Bissanzeige** und den **Anhieb** gibt es mehrere Möglichkeiten:

- **Deutlich Schnur abziehende Fische** (Karpfen, Aal und Raubfische) **in stehenden oder träge strömenden Gewässern**:
  Schnur leicht spannen, eine Schlaufe nicht zu fest unter einen vorn am Rutengriff angebrachten Ringgummi schieben und Bügel öffnen. Beim Biss zieht der Fisch die Leine unter dem Gummi heraus und kann frei Schnur nehmen. Bügel schließen, den Fisch die Schnur leicht spannen lassen und Anhieb.

• **Auf vorsichtiger beißende Fische in stehenden und fließenden Gewässern, Barben in schneller strömenden Flüssen**:
Schnur gut spannen und die Rute rechtwinklig dazu ablegen. Dabei liegt die Rute am See oder an langsam fließenden Gewässern etwa parallel zur Wasseroberfläche, Bei schneller Strömung zeigt die Spitze steil nach oben, was den Druck der Strömung teilweise von der Schnur fern hält und so ein leichteres Blei sowie eine sicherere Bissanzeige ermöglicht.
Der Rollenbügel bleibt geschlossen. Ein ruckartiges Zucken der Rutenspitze signalisiert den Biss. Nicht von den Bewegungen der Strömung irritieren lassen, sie sind viel ruhiger und gleichmäßiger. Bei deutlichen Ausschlägen den Anhieb setzen. Unbedingt bei der Rute bleiben, sonst reißt ein überraschend beißender, starker Fisch die Rute vielleicht ins Wasser.

Rutenspitze als Bissmelder

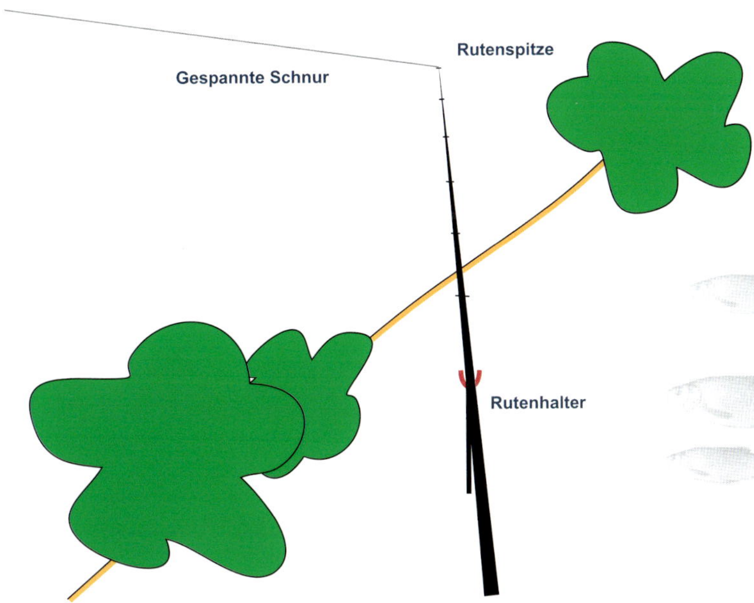

- **Raubfische und Karpfen in mittelstark und kräftig strömenden Flüssen**:
Wie beim Angeln auf vorsichtigere Fische und Barben mit aufgerichteter Rute. Allerdings wird die Rollenbremse so eingestellt, dass die Strömung gerade so keine Schnur nimmt, ein Fisch jedoch mit möglichst wenig Widerstand abziehen kann. Verfügt die Rolle über einen Freilauf, wird er entsprechend eingestellt. Der Anhieb erfolgt bei von Hand gebremster Spule oder nach dem einkuppeln der normalen Bremse beim Freilauf.

Eine hoch auf nur einem Halter abgelegte Rute hält im Fluss einige Schnur aus der Strömung. Ein Glöckchen meldet den Biss.

Auf der Flucht

Beim Angeln mit einer Fluchtmontage haken sich größere bis kapitale Friedfische in Fluss und See fast von selbst. **Die Fluchtmontage zählt zu den wichtigsten Karpfentechniken überhaupt**. Die Rute zeigt bei gespannter Schnur direkt zum Köder, beim Angeln in stärkerer Strömung steil nach oben.

Ein guter Schuppenkarpfen nahm zwei kleine Boilies an der Fluchtmontage.

Das Prinzip der Montage beruht darauf, dass ein schweres Blei weitgehend fest mit dem nur etwa 15 bis 20 Zentimeter langen *Vorfach* verbunden ist. Dabei steckt der Köder nicht auf dem Haken, sondern hängt an einem daran befestigten kurzen Schnurstück, dem *Haar*. Saugt der Fisch den Köder ein, nimmt er gleichzeitig den Haken mit. Schwimmt der Fisch weiter, hält das Blei den Haken fest. Durch den Widerstand dringt die Spitze ins Maul des Fisches ein, dieser erschrickt und flüchtet. Dabei rutscht der Haken noch etwas tiefer ins Gewebe. Als Köder dienen gekochte Teigkugeln (»Boilies«) oder das deutlich billigere und trotzdem sehr fängige Hundefutter »Frolic«.

Frolic am Haar. Der Haken sollte dicht am Köder liegen.

Boilies sind gekochte Teigkugeln. Angelgeschäfte bieten sie in vielen Größen, Farben und Geschmacksrichtungen an.

Material

- »Inline«-Blei ab mindestens 50 Gramm
- Karabinerwirbel, wobei das vordere Ende des Bleischlauchs sich stramm über das »Tönnchen« des Wirbels schieben lassen muss.
- Geflochtenes Vorfachmaterial (»Dyneema« oder Ähnliches) mit einer Tragkraft von etwa neun Kilo
- Sehr scharfe Haken Größe 1 (bei Köderdurchmessern von etwa 25 mm), Größe 4 für etwa 18 mm und Größe 8 für noch kleinere Köder.

Der **Grund für die Wahl des Inline-Bleis** liegt darin, dass es dem Fisch gegenüber anderen Ausführungen einen größeren Widerstand entgegensetzt. Und reißt im Drill einmal die *Hauptschnur*, bleibt das vom Fisch mitgeschleifte Blei in Kürze an einer Wurzel oder Ähnlichem hängen und der Fisch streift das Gewicht vom Wirbel und ist frei. **Ein völlig fest angebrachtes Blei würde sich dagegen irgendwann unlösbar verhängen und der noch immer am Vorfach hängende Fisch sterben**.

Fluchtmontage

mit Haar und halbfest angebrachtem Blei

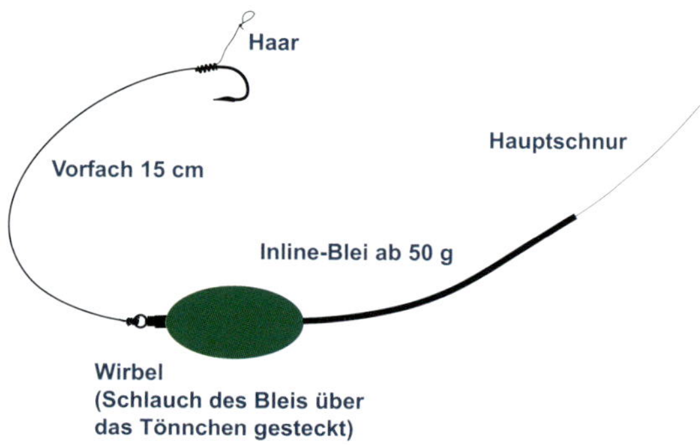

Da die **Bisse häufig sehr schnell und heftig** erfolgen, muss die **Rollenbremse weitgehend geöffnet** sein. Somit kann der Fisch sofort Schnur nehmen, ohne die Rute ins Wasser zu reißen. Ein offener Bügel eignet sich nicht, da beim Abspulen von lockerer Schnur der direkte Kontakt verloren geht. Und er ist für die sofortige Bissanzeige absolut notwendig. **Eine optimale Lösung ist eine Stationärrolle mit Freilauf**. Weiteres dazu erfahrt ihr im Rollen-Kapitel auf Seite 36.

Allerdings kann der Fisch auch genau auf euch zuschwimmen (»Fallbiss«), wobei die Schnur plötzlich locker wird. **Eine deutlich hörbare Bissanzeige liefert jetzt in jedem Fall ein elektronischer Bissmelder in Verbindung mit einem mechanischen Anzeiger**. Für den Anfang könnt ihr die Rute auch etwas schräg zur

Schnur legen und ein Aalglöckchen an die etwas gebogene Spitze klemmen. Dann scheppert es beim Biss.

Der **Anhieb erfolgt sofort**, selbst wenn sich die Schnur nur 15 Zentimeter bewegt hat – vielleicht blieb ein erfahrener Fisch gleich nach dem Kontakt mit dem Haken wieder stehen. Bei einem Fallbiss holt ihr zuerst rasch Schnur ein, damit die Leine wieder unter Spannung steht und der Anhieb durchkommt, statt ins Leere zu gehen.

Bei einem Fallbiss zieht der mit einem Gewicht versehene »Swinger« die Schnur durch den E-Bissanzeiger, der dann durch ein Piepsen und/oder eine Leuchtanzeige auf sich aufmerksam macht.

Einstellungs-Sache

Beim Fischen mit einer Fluchtmontage werden Rollenbremse oder Freilauf nur so fest eingestellt, dass die Strömung gerade so keine Schnur abziehen oder beim Fischen in stehenden Gewässern die Spule selbst bei einem kräftigen Biss nicht überdrehen kann und sich die Schnur auf der Spule dann furchtbar verwickelt.

Nach dem Biss nehmt ihr die Rute in die Hand, kuppelt bei einer Freilaufrolle mit einer Umdrehung der Kurbel die Zusatzbremse ein und setzt den Anhieb. Bei einer Rolle ohne Freilauf bremst die Rollenhand die sich drehende Spule und nach dem Anhieb stellt ihr den Widerstand der Bremse entsprechend der Schnur ein.

Posenfischen

Dieser Schuppenkarpfen ähnelt durch seinen auffallend schlanken Körper stark einem Wildkarpfen. Er nahm in der Strömung ein Maiskorn unter einer Avon-Pose.

Das Angeln mit der auch als Schwimmer bezeichneten Pose eignet sich vor allem für stehende und langsamer strömende Gewässer. Sie hält den Köder in der gewünschten Tiefe und dient gleichzeitig als Bissanzeiger. Mit einem Schwimmer könnt ihr dicht unter der Wasseroberfläche, im Mittelwasser und am Grund stehende Fried- und Raubfische gleich gut befischen.

Zubehör zum Posenfischen

- Schwimmer
- Schrotbleie
- Stopper

Montage

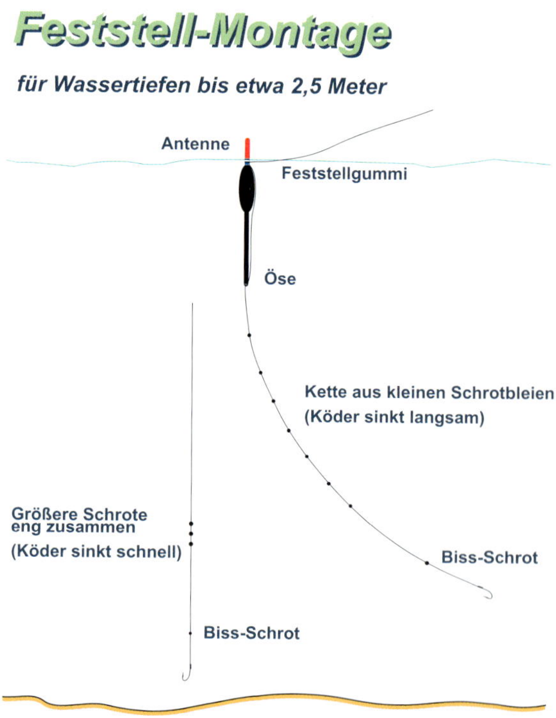

Grundsätzlich besteht eine Posenmontage aus Schwimmer, Blei und dem Haken. Beim Angeln **bis in Tiefen von etwa zwei Meter sitzt die Pose fest auf der *Hauptschnur***. Wollt ihr die Angeltiefe verändern, könnt ihr den Feststell-Schwimmer auf der Leine jedoch verschieben.

Geht es in **Tiefen ab zweieinhalb Meter**, montiert ihr die **Pose gleitend**. Somit rutscht sie frei auf der Leine und wird nach dem Absinken des Bleis von einem Stopper gebremst. Der Vorteil liegt darin, dass ihr beispielsweise beim Fischen in vier Meter Tiefe nicht mit einer unhandlich langen Montage arbeiten müsst. Außerdem lässt sich die kompakte Montage weiter werfen.

Gleitmontage

für Wassertiefen ab etwa 2,5 Meter

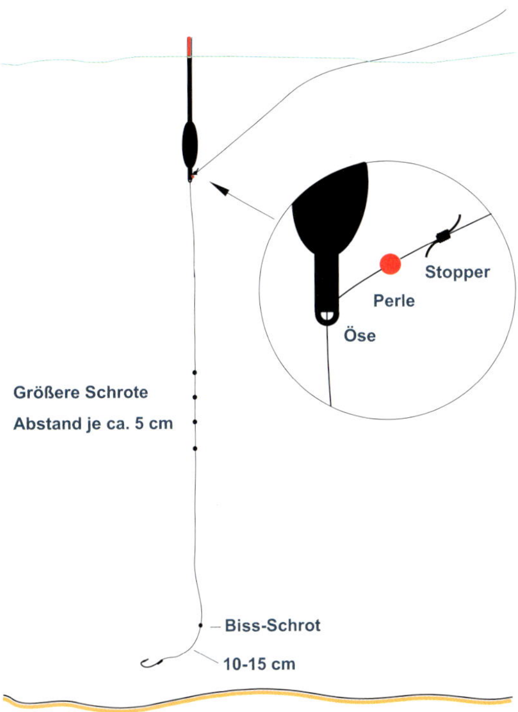

Stopperknoten

Material: Meeresschnur Dacron, 20 lbs

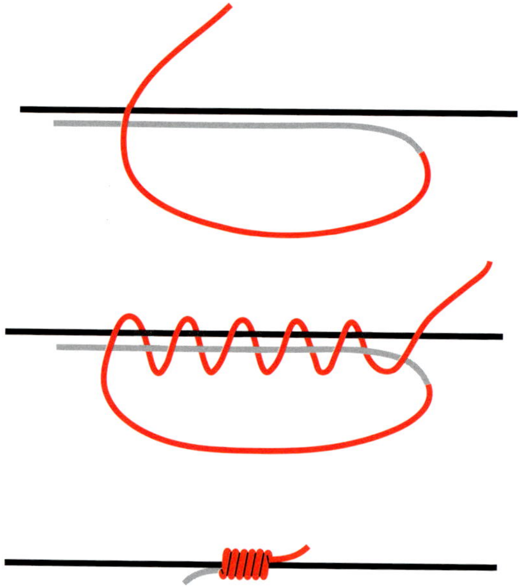

Tragkraft

Für die Wahl der *Tragkraft* des Schwimmers lautet die Grundregel: **Je leichter der Köder, je schwächer die Strömung und je kürzer die Wurfentfernung, desto geringer die Tragkraft. Und je kleiner der Schwimmer ist, desto präziser zeigt er die Bisse an**. In den meisten Fällen genügt beim **Friedfischangeln** eine **Tragkraft zwischen 1,5 und 4 Gramm**.

Auf Raubfische darf es aufgrund der etwas größeren Köder **etwas mehr sein**. Da das Wasser das Gewicht der Fischköder gewissermaßen verringert, sind **jedoch meist nicht mehr als sieben Gramm Tragkraft** erforderlich. Richtig große Köder, wie 20 Zentimeter lange Rotaugen, erfordern jedoch sogar 15 bis 30 Gramm. Aber das ist die Ausnahme.

Für weite Würfe gibt es **vorgebleite Schwimmer** die bereits ein am unteren Ende eingesetztes Blei tragen und nur noch mit ein bis drei Gramm zusätzlich beschwert werden müssen.

Feine Einstellung

Der Schwimmer muss so mit Blei beschwert werden, dass das obere, meist rote oder orangefarbene Ende der »Antenne« gerade noch einen halben bis höchstens zwei Zentimeter aus dem Wasser schaut. Dadurch zeigt die Pose selbst vorsichtige Bisse an und der Fisch fühlt kaum Widerstand.

Formen

Für das Friedfischangeln und wenn ihr mit kleinen Köderfischen oder Fischfetzen auf Raubfische angelt, empfehlen sich in stehenden und langsam fließenden Gewässern die so genannten **»Waggler« und »Bodied Waggler«** als Posen. Sie **zeigen selbst vorsichtige Bisse sehr genau an**. Zudem könnt ihr nach dem Wurf die **Schnur mit leichten Rucken der Rutenspitze unter Wasser ziehen**, wobei die Leine dank der Schnurbefestigung unten an der Pose auch dort bleibt. Somit können weder Oberflächenströmung noch Wind einen »Bauch« in die Schnur drücken und die Pose weit von ihrem ursprünglichen Platz ziehen.

Ein Posenrohr schützt Schwimmer vor Beschädigungen.

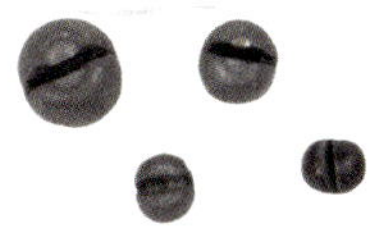

Die wichtigsten Klemmbleigrößen heißen SSG (hier das größte Schrot), AAA, BB und No. 1.

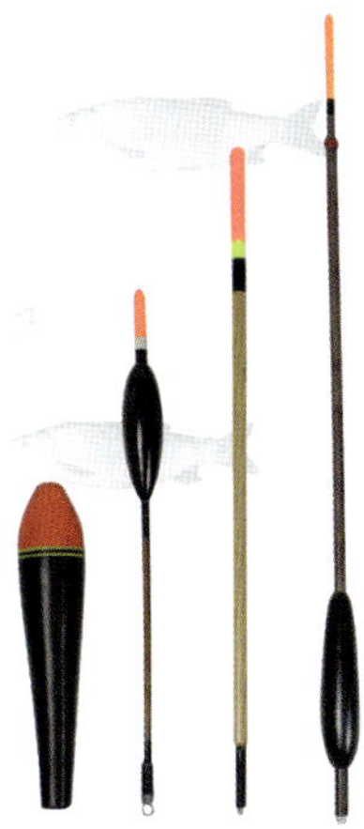

Schwimmertypen von links: Bodied Waggler, Waggler, Avon, Zigarrenpose

Ab mittelstarker Strömung nehmt ihr am besten **Schwimmer vom Typ »Avon«**, welche die Strömung nicht so leicht wie die Waggler unter Wasser drücken kann. Und **bei schwereren Ködern** wie größeren Fischen verwendet ihr **dickere, in etwa zigarrenförmige Posen** mit höherer Tragkraft ab etwa zehn Gramm.

Tiefe

Wie tief ihr den Schwimmer einstellt, hängt vom Standplatz der Fische ab. **Schwimmen sie kurz unter der Oberfläche, hängt der Haken vielleicht nur 40 Zentimeter unter der Pose**. Im Mittelwasser können es zum Beispiel ein oder zwei Meter sein. Und **stehen sie über dem Grund, sollte der Köder etwa zehn, 15 Zentimeter darüber schweben oder sogar auf dem Boden liegen**.

Biss

Der Biss beginnt häufig mit einem leichten Zupfen am Schwimmer, worauf er abtaucht oder zur Seite weggezogen wird. Sobald sich eines der Zeichen deutlich äußert, könnt ihr *anschlagen*. Was die Raubfische angeht, so steht alles zum Anhieb auf Seite 79.

Hebebisse

Beim Friedfischangeln klemmt ihr am besten ein Bleischrot etwa fünf bis zehn Zentimeter über dem Haken auf die Schnur. Nimmt ein Fisch den Köder ins Maul, hebt er häufig das Blei an, entlastet damit die Pose und die Antenne steigt aus dem Wasser. Jetzt könnt ihr wie beim Untergehen oder Wandern des Schwimmers sofort *anschlagen*. Garantiert fangt ihr auf diese Weise große, vorsichtige Fische, die den Köder an einer anderen Montage völlig unbemerkt wieder »ausspucken« können. Besonders gut funktioniert diese Technik bei Schleien, Karauschen, Brachsen und Karpfen.

Hebebiss

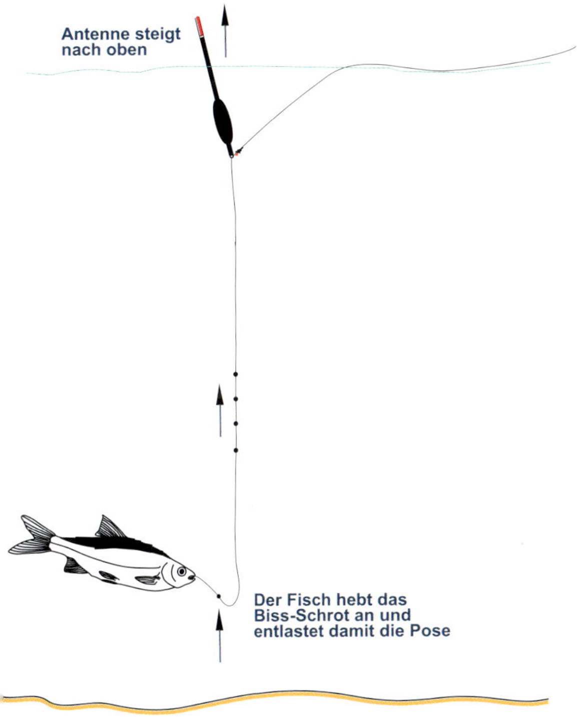

Mit der Futterschleuder könnt ihr weiter draußen anfüttern.

Anfüttern

Das **Anfüttern lockt Fische an die Angelstelle oder hält sie dort**, da es hier reichlich zu fressen gibt. Diese Taktik bewährte sich in jedem Fall auf Friedfische, während die Wirkung des Anfütterns von Raubfischen mit Fischen oder Fischstücken umstritten ist.

Friedfische lassen sich vor allem im Mittelwasser und am Grund sehr gut anfüttern. Im Angelladen gibt es dafür eine unüberschaubare Menge unterschiedlichster Spezial-Futtersorten. Jedoch könnt ihr es mit einer einfachen Futtermischung auch billiger und trotzdem wirksam angehen.

Bewährte Futtermischung

- Paniermehl als Grundlage (Supermarkt)
- Dosenmais (Supermarkt)
- Gerösteter, geschroteter Hanf (Angelladen)

Eine einfach und trotzdem gute Futtermischung besteht aus Paniermehl, Mais und geröstetem Hanfschrot. Dazu kommt nicht zu viel Wasser, damit das Futter beim Aufprall aufs Wasser oder den Grund auseinander bricht.

Schüttet etwa ein Kilo Paniermehl in einen Eimer und gebt den Inhalt einer mittelgroßen Maisdose sowie eine Hand voll geschroteten Hanf dazu. Das Ganze wird von Hand gut durchgemischt. Für **stehende Gewässer** sollte das Futter sehr trocken sein, da die hühnerei- bis tennisballgroßen beim Auftreffen auf das Wasser sofort auseinander brechen sollten. Auf diese Weise sinkt das Futter langsam zum Grund und erweckt dabei viel Aufmerksamkeit.

Leicht strömendes Wasser erfordert etwas feuchteres und damit schwereres Futter. Sonst trägt die Strömung es schnell vom Angelplatz fort. **In jedem Fall muss das Futter** bei Strömung abhängig von der Wassergeschwindigkeit mehr oder weniger weit **oberhalb der Angelstelle auf das Wasser treffen**, damit es an der gewünschten Stelle herunterrieselt oder auf den Boden fällt. Bei etwas stärkerer Strömung verleiht beigemischter Sand oder feiner Kies dem Futter mehr Gewicht, wodurch das Lockmittel den Grund noch schneller erreicht.

Beginnt beim Eintreffen am Wasser als Erstes mit dem Füttern. Denn während ihr die Ruten montiert, können die Fische das Futter aufspüren und stehen dann beim ersten Wurf schon am Platz. Lassen die Bisse während dem Fischen nach, füttert ihr immer wieder kleine Mengen hinterher. So haltet ihr die Fische bei Laune und an eurer Stelle.

Alles in Maßen

Da die Fische im Sommer reichlich fressen und die Nahrung schnell verdauen, könnt ihr jetzt ruhig reichlicher füttern. Vorsicht jedoch im Winter. Denn jetzt läuft die Verdauung der Fische im kalten Wasser auf Sparflamme, weshalb sie sehr schnell satt sind. Und füttert ihr zu viel, gehen sie nicht mehr an den Hakenköder. Geht deshalb in der kalten Jahreszeit sehr sparsam mit Futter um. Nur an Warmwasser-Ausläufen von Kraftwerken darf es angesichts der selbst im tiefsten Winter deutlich höheren Temperaturen etwas mehr sein.

Raubfische richtig anschlagen

Viele Angler wissen nicht, wann sie beim Naturköderangeln auf Raubfische den Anhieb setzen sollen. **Häufig warten die Fischer zu lange** und der Haken sitzt dann im Schlund oder Magen, was vor allem beim Angeln mit *Drillingen* das *Zurücksetzen* unmöglich macht. So geht's richtig:

Sofortanhieb-System

Durch die beiden Drillinge des Sofortanhieb-Systems kann der Anhieb gemäß der Bezeichnung sofort erfolgen, da bei Fischen oberhalb des Kindesalters stets zumindest eine Hakenspitze im Bereich des Mauls liegt.

Schnell am Hindernis

Grundsätzlich ist ein schneller Anhieb in hindernisreichen Gewässern gefragt, wo der Fisch sich mit seiner Beute rasch in Geäst und Ähnliches zurückziehen kann. Sonst ist der Räuber ruck, zuck verloren.

Köder am Einzelhaken und einfachen Drilling

Sehr kleine Köderfische oder schmale, kurze Fischfetzen werden von den Räubern sofort in einem Zug »inhaliert«. Soll der Haken nicht wenig *waidgerecht* erst im Schlund oder Magen greifen, schlagt ihr besser sofort an. Bei einem Fisch von vernünftiger Größe wird der Haken vorn im Maul fassen.

Dieser Zander nahm einen Barsch als Köder.

Bei Ködern wie kleinen Fischen bis um die acht Zentimeter, entsprechend langen Fetzen sowie Fischstücken gilt eine Wartezeit zwischen Biss und Anhieb von etwa zehn Sekunden als Richtlinie, bei größeren Ködern ist es etwa eine halbe Minute.

Angelt ihr mit einem größeren **Köderfisch ab etwa zehn Zentimeter**, muss der Räuber den Köderfisch im Maul zuerst drehen, bevor dieser zum Schlucken in der richtigen Position mit dem Kopf in Richtung Schlund liegt. Erst jetzt kann der Haken richtig fassen, da er sich zum einen wirklich im Maul befindet und zum anderen der Hakenschenkel in einer Linie zur **Hauptschnur** liegt. Auf diese Weise kommt der Anhieb optimal durch.

Somit solltet ihr den Fisch nach dem Biss erst abziehen lassen, bis er stehen bleibt. Jetzt dreht er den Köder und schwimmt wieder davon, um seine Beute zu schlucken. Inzwischen hast du den Bügel geschlossen und schlägst sofort zügig gegen die Fluchtrichtung des Fischs an, nachdem er die lockere Schnur gespannt hat. Auf diese Weise sitzt der Haken in aller Regel vorn im Maul.

Nachtangeln

Das Angeln in der Zeit von der Abend- bis zur Morgendämmerung ist manchmal ein bisschen gruselig. So sind jetzt Tiere zu hören, die sich bei Tag kaum bemerkbar machen. Und klatscht in nächster Nähe ein Biber mit einem Höllenlärm ins Wasser, führt das schon mal fast zum Herzstillstand. Aber auch leisere Laute erscheinen erst einmal etwas unheimlich, zumal die Sicht in tiefer Nacht fast bei null liegt. Doch irgendwann habt ihr euch bestimmt daran gewöhnt und könnt euch voll aufs Fischen konzentrieren.

Die Nacht bricht herein. Damit beginnt eine der besten Angelzeiten.

Und das kann sich unwahrscheinlich lohnen. Denn **bei Nacht beißen vor allem große Friedfische wie Karpfen, Schleien oder Barben**, die sich bei Tag vor allem im Hochsommer mit dem Fressen stark zurückhalten. Nicht zuletzt ist die Nacht eine **hervorragende Fangzeit für Aal, Wels und Zander**. Alles in allem bietet die dunkle Zeit des Tages oft weitaus bessere Fangaussichten, als der helllichte Tag.

Generell setzt ihr beim Nachtangeln die gleiche Ausrüstung ein wie bei Tag. Das Gleiche gilt für Technik und Taktik. Jedoch gibt es ein paar **Extras, die das Nachtangeln erleichtern**.

Zubehör für das Nachtangeln

- Knicklichter
- Elektronische Bissanzeiger
- Taschenlampe
- Warme Kleidung
- Gummistiefel (bei hohen Pflanzen dazu eine Regenüberhose)
- Schlafsack und Isomatte
- Angelschirm
- Mückenschutzmittel

Taschenlampe und E-Bissmelder gehören zum wichtigsten Nachtzubehör. Das hier gelbe Knicklicht könnt ihr mit Tesafilm zusätzlich zu einem Aalglöckchen an der Rutenspitze befestigen oder mit einem Stück Kunststoff-Schlauch auf die Spitze eines Schwimmers schieben. Die rote Antenne der dicken Pose lässt sich herausziehen und durch ein Knicklicht ersetzen.

Elektronische Bissanzeiger erkennen und melden beim Grundangeln den Biss selbst in schwärzesten Nacht bei null Sicht.

Das Beobachten von Rutenspitze oder Schwimmer erleichtern **Knicklichter** ungemein. Beim Umbiegen der nur wenige Cent teuren Plastikröhrchen mischen sich zwei chemische Flüssigkeiten, die dann über etwa zwölf Stunden leuchten. Ihr könnt ein Knicklicht mit Tesafilm an der Rutenspitze befestigen. Ein Knicklicht lässt sich beim Grundangeln sehr gut mit einem **Aalglöckchen** kombinieren, dann meldet ein Scheppern den Biss, wenn ihr das Licht nicht über mehrere Stunden anstarren wollt.

Das bleibt dagegen beim Angeln mit dem Schwimmer kaum erspart, wobei es spezielle Modelle mit Knicklicht-Aufnahme gibt. Allerdings scheint sich die Pose nach einiger Beobachtungszeit zu bewegen, wobei uns in den meisten Fällen jedoch unsere Augen einen Streich spielen. Geht das Licht dagegen plötzlich aus, zieht mit größter Wahrscheinlichkeit ein Fisch die Pose in die Tiefe.

Ohne **Taschenlampe** geht beim Montieren der Rute und ähnlichen Arbeiten überhaupt nichts. Zudem hilft sie dabei, den Heimweg sicher zu finden und dabei nicht in irgendwelche Löcher zu treten oder über liegende Baumstämme und Wurzeln zu stolpern. Leuchtet während dem Fischen allerdings nie zum Wasser hin, da der Lichtstrahl die Fische eher erschreckt als anlockt.

Mit Spannung wird bei Nacht der Biss erwartet. Warme Kleidung gestaltet das Nachtangeln selbst im Sommer viel angenehmer.

Warme Kleidung ist absolut wichtig, da selbst im Hochsommer während der Morgenstunden die Temperaturen empfindlich fallen können. Zudem gibt es Tau, weshalb **Gummistiefel** eventuell in Verbindung mit **Regen-Überhosen** kein Fehler sind. Und zum Übernachten empfiehlt sich ein **Schlafsack mit Isomatte** sowie ein *Angelschirm* wiederum gegen den Tau.

Und häufig laufen Stechmücken bei Nacht erst richtig zur Höchstform auf, weshalb ein wirksames **Mückenschutzmittel** unbedingt zur Ausrüstung gehört. Gute Erfahrungen habe ich mit »Autan Family« gemacht. Ein **Zelt mit Moskitonetz** am Eingang hält die Plagegeister beim Schlafen am zuverlässigsten fern.

Richtig vorbereitet

Schaut euch unbedingt schon am Tag die zum Nachtangeln gewählte Stelle genau an. Dabei müsst ihr euch die freien Wurfrichtungen merken, sonst landet vielleicht gleich der erste Wurf im Baum. Weiter sind die Wurfweite und eine passende Stelle zum Landen eines Fischs wichtig.

Spinnfischen

Die leichte Spinnrute brachte hier zwei Zander in »Küchengröße«.

Beim Spinnfischen täuscht der Angler mit einem künstlichen, durch das Wasser gezogenen Köder einen Futterfisch vor oder reizt Raubfische einfach durch bunte Farben oder Schwingungen im Wasser zum Biss. Die von den Ködern durch ihre Bewegungen erzeugten mehr oder weniger starken Schallwellen können die Räuber über ihre empfindliche Seitenlinie erkennen.

Der lange Strich entlang der Flanke dieses Zanders wird als Seitenlinie bezeichnet. Über sie erkennt der Fisch deutlich Bewegungen im Wasser und findet damit auch den Spinnköder.

Die **Montage** besteht bei Barschen, Forellen und anderen Fischen ohne scharfe Zähne einfach aus der **Hauptschnur**, einem Karabinerwirbel und dem Köder. Bei Hechten oder beim Spinnfischen auf andere Arten in Gewässern mit Hechtbestand wird ein etwa 50 Zentimeter langes **Stahlvorfach** vor dem Köder angebracht.

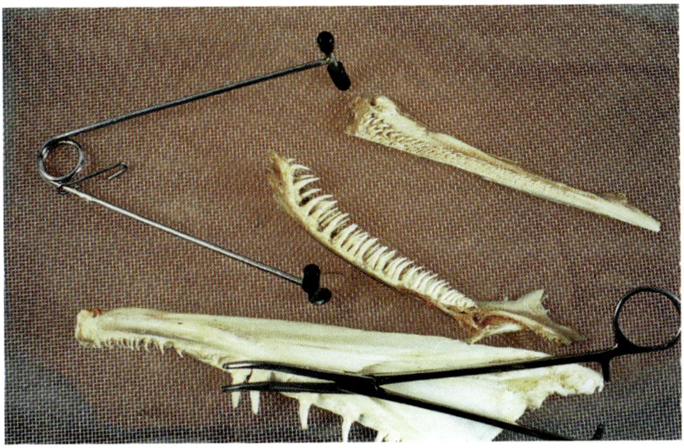

Der Rachensperrer (oben) hält das Maul des Hechts beim Entfernen eines tiefer sitzenden Hakens offen. Wie die unten abgebildete lange Arterienklemme schützt er die Hände des Anglers vor Verletzungen durch die vielen Zähne des Räubers.

Spinnköder

Die **Ködergröße** hängt vor allem von der Größe der Futterfische ab, von denen sich die angepeilte Fischart in aller Regel ernährt. So nehmen Forellen am liebsten bis etwa fünf Zentimeter lange Köder, während auf Hechte 15 Zentimeter nicht zu viel sind.

Blinker bestehen meist aus gebogenem Blech. Sie taumeln wie ein kranker Kleinfisch durch das Wasser. Breite und dünnblechige Ausführungen eignen sich für ruhiges Wasser, schlanke aus dickem Blech für stärkere Strömung.

Blinker fangen vor allem größere Raubfische wie Hechte und Zander. Als sehr universelle Farben erwiesen sich Silber und Messing, vielleicht mit einem roten Kunststoffplättchen als »Flosse«. Blinker führt ihr in Zickzack-Form. Das bedeutet, er läuft ein Stück geradeaus und taumelt dann durch einen Stopp beim Einholen nach unten. Unter erneutem Zug steigt er wieder nach oben.

Bewährte Blinker von links: ABU »Toby« (8 g) für schnellere Strömung, ABU »Atom« (12 g) und DAM »Effzett« (22 g) für stehende und langsame fließende Gewässer.

Spinner besitzen ein Metallblatt, das auf Zug an der Schnur unter Wasser rotiert. Meist sitzt auf der Achse eine zusätzliche Beschwerung aus Messing. Spinner fangen in den kleineren Größen 0 bis 3 vor allem Forellen, Döbel und Barsche, während die großen 4er und 5er unter anderem Hecht und Zander reizen.

Zu den wichtigsten Farben zählen Silber (mit roten oder schwarzen Punkten), Messing und Kupfer. Spinner werden recht gleichmäßig geführt, wobei plötzliches Steigern oder Verlangsamen der Geschwindigkeit unentschlossene Fische zum Biss verführt.

Erfolgreiche Spinner von links: Drei Mepps-Spinner in den Größen 1 und 2, ABU »Sonette« (12 g) und der »Mörrum«-Bleikopfspinner der gleichen Firma.

Der 15 Zentimeter lange »Scorcerer« von Halco (oben) besitzt eine auffällige, allgemein als »Firetiger« bezeichnete Reizfarbe. Der Luhr Jensen-»Fingerling« darunter täuscht sehr gut einen silberfarbenen Futterfisch vor, während der kurze Scorcerer und der »Big S« darunter sehr gut einen Barsch imitieren.

Wobbler aus Holz oder Kunststoff sehen fast wie natürliche Fische aus. Im Wasser schwänzeln sie hin und her, wobei einige Modelle Rasselkugeln in ihrem hohlen »Bauch« tragen. Sie schlagen von innen gegen die »Wand« und senden auf diese Weise kräftige Schallwellen im Wasser aus. Übrigens taucht ein Wobbler umso tiefer, je flacher die *Tauchschaufel* steht und je größer sie ist. Als fängig stellten sich natürliche Farben, wie ein Barschmuster, sowie Farbenfrohes in Richtung »Firetiger« heraus. Einteilige Modelle erfüllen den Zweck voll und ganz, zweiteilige bringen keine Vorteile. Leider kosten viele Wobbler-Modelle pro Stück über 10 Euro (16 SFr).

Am besten kauft ihr schwimmende Wobbler. Auf Zug an der Schnur tauchen sie ab und bei einem Stopp wieder zur Oberfläche. Somit lassen sich Schwimmwobbler sehr gut über Hindernisse dirigieren.

Twister (oben) und Gummifische bewährten sich hervorragend auf die verschiedensten Räuber. Die Weichplastikkörper spießt ihr einfach auf den Haken.

Weichplastikköder, allen voran Twister und Gummifische, stellten sich als hervorragende und trotzdem preisgünstige Spinnköder heraus. Der schwabbelige Körper steckt auf einem großen Einzelhaken mit Bleikopf. Besonders gut fangen Weichplastikköder Barsche, Zander, Hechte und Welse. Am universellsten sind zehn Zentimeter lange Schwabbler. Als gute Farben gelten bei den Gummifischen Weiß mit blauem oder schwarzem Rücken, Mittelgrün (»Chartreuse«) und Gold mit schwarzem Rücken. Bei den Twistern bewährten sich besonders Gelb, Weiß und Mittelgrün.

In aller Regel werden Weichplastikköder in sachten und doch »eckigen« Sprüngen über den Grund geführt. Dabei wird der Köder ohne Einholen von Schnur mit drei bis vier sanften Sprüngen herangezupft, wobei er mit kleinen Rucken nach oben steigt. Dann holt ihr Schnur ein und führt gleichzeitig die Rutenspitze in Richtung zum Köder. Dabei muss die Schnur stets unter leichter Spannung stehen. Denn häufig packen die Räuber den Köder gerade beim Absinken.

Biss und Anhieb

Der Biss kann sich völlig unterschiedlich bemerkbar machen. Die Möglichkeiten reichen von einem leichten Ziehen, als ob der Köder in Wasserpflanzen hängen bleibt, bis zu einem harten Schlag in der Rute. Auf jeden Fall müsst ihr sofort die Rute mit Schwung entschlossen nach hinten ziehen und damit den Anhieb setzen. Damit der Haken im harten Maul von Hecht oder Zander auch richtig sitzt, könnt ihr das bei gespannter Schnur noch einmal wiederholen.

Beim Spinnfischen wird die Rutenspitze tief und schräg zur Schnur gehalten. Auf diese Weise fühlt ihr Bisse und Berührungen von Hindernissen.

Auf die Bremse treten

Der Hauptfehler beim Spinnfischen liegt im zu schnellen und einfallslosen Einholen. Einige Angler kurbeln den Köder in Hochgeschwindigkeit stur in einer Linie durchs Wasser und wundern sich, dass sie kaum etwas fangen. Das langsame und abwechslungsreiche Führen eines Köders ist wesentlich fängiger. Holt ihn langsam ein, sodass ihr am besten jede einzelne Bewegung des Köders in der Rute unterscheiden könnt. Führt die Rutenspitze ruhig einmal nach links, dann nach rechts zur Seite, stoppt kurz das Einholen und Ähnliches. Es lohnt sich.

Angelstellen

Viele, wenn nicht sogar die meisten Angler, scheinen die am leichtesten erreichbaren Stellen für die besten Angelplätze zu halten. Seltsam ist nur, dass sie dort meist nicht sonderlich gut fangen. Besser sucht ihr nach etwas abgelegeneren Stellen, wo nicht alle Angler sitzen und die Fische nicht schon sämtliche Köder kennen.

Überlegt euch bei der Stellensuche immer, wo die Wasserbewohner **reichlich Futter, angenehme Temperaturen und Deckung finden**. Und genau dort liegen die besten Plätze. Übrigens schwimmen in höchstens 20 Prozent des Gewässers überhaupt Fische, was die Bedeutung der Stellensuche zeigt.

Häufig lohnt sich außerdem die Ausschau nach **Anzeichen für Fische**. So weisen aufsteigende Blasen auf im Grund wühlende (»gründelnde«) Karpfen, Schleien oder Brachsen hin. Werft jetzt einfach die Schwimmermontage über diese Stelle hinaus, zieht sie vorsichtig genau darüber und lasst den Köder sinken. Oft erfolgt der Biss nur wenige Sekunden später. Auch wackelnde Schilfhalme und Seerosenblätter verraten vor allem Karpfen.

Und flüchten Kleinfische in Panik über die Wasseroberfläche, ist bestimmt ein Raubfisch der Grund dafür. Jetzt sollte schnell ein Wurf mit der Spinnrute folgen.

Aufsteigende Blasen signalisieren, dass hier Friedfische im Grund nach Futter wühlen. Von aufsteigenden Sumpfgasen unterscheidet sich eine Fischaktivität durch das seitliche Wandern der Blasen, wenn der Fisch den Grund absucht und dabei weiterschwimmt.

See

- Ränder von Schilfgürteln, Seerosenfeldern und Wasserpflanzen- (»Kraut«-) Betten sowie die Lücken zwischen dem Grünzeug.
- Bereiche von Zu- und Abflüssen
- In Stauseen die tiefen Rinnen der ehemaligen Bachläufe
- Über deutlichen Erhebungen (»Barschberge«)
- Nahe ins Wasser gestürzter Bäume
- Unter überhängenden Zweigen
- Am Übergang vom flachen zum tiefen Wasser (»Scharkanten«)

Im Sommer müsst ihr im See beachten, dass das Wasser kaum durchmischt wird, da der Wind weitgehend fehlt. Es bilden sich drei Schichten: Die **warme Oberflächenschicht, die kühlere und sauerstoffreiche Sprungschicht sowie die kalte und sauerstoffärmere Tiefenschicht**.

Im Sommer lassen sich Karpfen gerne die Sonne auf den Buckel scheinen.

An der Oberfläche und im Flachwasser stehen jetzt **tagsüber hauptsächlich Karpfen und Kleinfische**. **Die meisten Fische** halten sich allerdings **im Bereich der** angenehmen **Sprungschicht** auf. Ihr könnt sie wahrscheinlich sogar beim Schwimmen bemerken. Schwimmt ihr waagerecht, herrscht fast Badewannen-Temperatur, während ein nach unten gestrecktes Bein das kalte Wasser fühlt.

Erst **nach Einbruch der Dämmerung**, wenn die Sonne nicht mehr so heftig auf das Wasser knallt, **schwimmen die Raubfische zur Jagd in den seichten Uferbereich**. Denn dort ist der Tisch mit Klein- und Brutfischen zu dieser Jahreszeit reichlich gedeckt. Aale, Zander und Welse rauben hier bis zum Morgen. Zudem finden sich hier große Friedfische, die ebenfalls im Schutz der Dunkelheit nach Futter suchen.

Gewässerschichten

eines Sees im Sommer

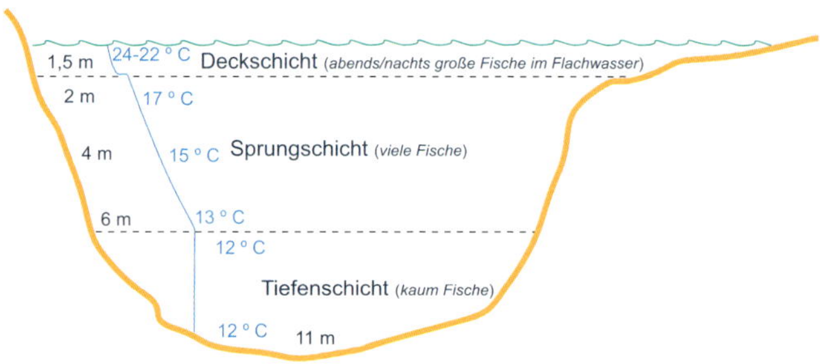

Bach und Fluss

- Ruhiges Wasser hinter Felsen, Brückenpfeilern und anderem
- Tiefe Ausspülungen (»Gumpen«)
- Zu- und Abflüsse von Gumpen
- Unter überhängenden Zweigen
- Unterhalb von Wehren (»Unterwasser«)
- Oberhalb von Wehren (»Oberwasser«)
- Übergang vom schnellen zum ruhigen Wasser (»Strömungskanten«)
- Rückströmungen hinter *Buhnen*
- Warmwasser-Einleiter von Kraftwerken

Im Sommer meiden die größeren Fische tagsüber das seichte und damit warme, sauerstoffarme Wasser und ziehen sich in die Tiefe der Hauptströmung zurück. Wie im See ziehen sie erst in der Dämmerung zum Fressen wieder ins Flache.

Bei Hochwasser könnt ihr trotz des braunen Wassers im Fluss durchaus Fische fangen. Sie stehen jetzt in ruhigen Rückströmungen und anderen Stellen, die Schutz vor der harten Strömung bieten. Wichtig sind stark riechende Köder wie Frühstücksfleisch, damit die Wasserbewohner sie finden können.

Bei Hochwasser müsst ihr nach den ruhigen Stellen und Rückströmungen schauen. Dort stehen die Fische. Die unterschiedliche Wasserfärbung entsteht durch einen einmündenden Nebenfluss.

Kanal

- Strömungskanten an Einfahrten von Hafenbecken und Turbinenausläufen
- Ruhiges Wasser hinter Brückenpfeilern, Schiffspollern und Vergleichbarem
- Steinpackungen (Ins Wasser laufende Uferbefestigungen aus Felsen)
- Alle Stellen, wo etwas anders ist, als im ansonsten sehr einförmigen Kanal
- Dazu Plätze wie bei Bach und Fluss genannt

Hänger-Lösung

Bleibt der Haken oder das Blei irgendwo im Gewässer hängen, könnt ihr das Problem vielleicht mit ein paar Tricks lösen.

Manchmal genügt schon ein kräftigeres Rütteln mit der Rute an der gespannten Schnur und plötzliches Loslassen, worauf die Montage vom Hindernis fällt. Oder ihr öffnet den Rollenbügel, haltet die Schnur fest und spannt mit der Rute kräftig die Leine. Jetzt lässt die Hand plötzlich die Schnur los und die nach hinten schnellende Montage löst sich.

In Flüssen könnt ihr auch einige Meter Schnur freigeben und mit der Strömung treiben lassen. Holt ihr dann schnell die Leine wieder ein, drückt die Strömung in die Schnur, die wiederum den Köder aus dem Hindernis zieht.

Soweit Bäume und anderes am Ufer es zulassen, könnt ihr an allen Gewässern zudem einige Meter nach links oder rechts gehen und so den Hänger durch seitlichen Zug befreien.

Hilft alles nichts, bleibt nur noch das Abreißen der Schnur. Wuchtet dabei auf keinen Fall mit der Rute herum, da sie durch Überlastung brechen kann. Die Rutenspitze zeigt vielmehr zum Hänger. Wikkelt dann die Schnur um den Arm, der durch eine Jacke oder ein Handtuch geschützt sein sollte und geht dann rückwärts, bis es knallt.

Drillen und Landen

Nach dem Haken des Fischs müsst ihr ihn irgendwie an Land bringen. Kleinere Exemplare bis vielleicht 300 Gramm lassen sich mehr oder weniger einfach herankurbeln und an der Schnur aus dem Wasser heben. Größere, vielleicht mehrere Kilo schwere Exemplare machen es euch schwerer.

Sie wehren sich kräftig und schwimmen davon. Jetzt sollte der **Rutengriff etwa im rechten Winkel (90 Grad) zur Schnur** stehen, da das Federn der Rute so am besten den Fisch ermüdet. Ist die Bremse allerdings zu stark eingestellt, kann der Fisch trotzdem die Schnur zerreißen. Also achtet genau auf die richtige Einstellung und **lasst den Fisch ziehen**. **Versucht aber auf keinen Fall, gleichzeitig Schnur einzuholen**. Denn das führt nur zu einer gefährlichen Verstärkung des Bremswiderstands und zum *Verdrallen* der Schnur.

An ausreichend langer Schnur lässt sich der Fisch bequem zum Kescher führen. Selbst bei einer heftigen Flucht kurz vor dem Ufer können die Leinenlänge und die Rute die plötzliche Belastung abfedern.

Brachsen kurz vor dem Kescher. Hätte der Angler jetzt mehr Schnur draußen, müsste er sich nicht so tief verbeugen. Ein großer Fisch kann sich an so kurzer Leine außerdem leicht losschütteln oder die Schnur zerreißen.

Erst **wenn der Fisch langsamer wird oder stehenbleibt, zieht ihr ihn wieder zu euch heran**. Bei großen Exemplaren geschieht das durch das »Pumpen«. Das bedeutet, ihr macht einige Kurbelumdrehungen und senkt gleichzeitig die Rute um etwa 45 Grad. Dabei muss die Schnur wie im ganzen *Drill* ständig unter Spannung bleiben. Ohne weiter Leine aufzunehmen, wird die Rute wieder in die 90-Grad-Position zur Schnur gezogen und der Fisch damit näher heran gebracht. Dann geht es wieder mit Kurbeln, Senken und Anheben der Rute weiter, bis der Fisch am Ufer ist.

Dort wartet ihr mit dem Kescher, wobei eine **sichere Landung** so abläuft:

- Netz vollständig anfeuchten, damit es besser sinkt.
- Das Netz schräg nach unten ins Wasser halten.
- Den Kescher auf keinen Fall bewegen und erst recht nicht damit hinter dem Fisch herjagen.
- Den Fisch über das Netz ziehen.
- Netz anheben, der Fisch gleitet hinein, bleibt jedoch im Wasser.
- Den Kescherstiel senkrecht stellen und den Fisch aus dem Wasser heben. Ein waagerecht gehaltener Stiel würde beim Herauswuchten eines großen Fischs verbiegen.

Keschernetz und -bügel liegen beim Heranziehen des Fischs unter Wasser.

Erst wenn der Fisch über dem Netz angekommen ist, hebt ihr den Kescher an und der Fang gleitet in die Maschen.

Mit senkrecht gehaltenem Kescherstiel zieht ihr den Fisch aus dem Wasser. Auf diese Weise schließt sich das Netz und der Fisch kann nicht mehr entkommen. Außerdem verbiegt sich der Stiel nicht.

Umgang mit Fischen

Unabhängig von der Fischart und der Größe des Wasserbewohners muss der Angler **jeden Fisch mit der gleichen Achtung und Umsicht behandeln**. Das beginnt schon bei der Geräteauswahl. So könnt ihr unnötige Verletzungen der Fische unter anderem durch Haken ohne **Widerhaken** oder knotenlose Keschernetze vermeiden.

Der Schuppenkarpfen liegt vor Verletzungen sicher auf Dem nassen Keschernetz und weichem Gras. Vorsichtig löst der Angler mit der Spitzzange den Haken.

Grundsätzlich solltet ihr **Fische, die du nach dem Fang wieder ins Wasser zurücksetzen möchtest, nur mit nassen Händen berühren**, damit die empfindliche Schleimschicht auf der Haut nicht verletzt wird. Entsprechend darf der **Fisch nur auf einer weichen, glatten und am besten feuchten Unterlage** liegen. Der nasse Kescher auf dem Gras, eine kleine mit Wasser benetzte Plastikplane oder eine größere Plastiktüte genügen schon.

Nach dem vorsichtigen **Lösen des Hakens** von Hand oder mit der Arterienklemme darf ein *waidgerechter* Angler beim *Zurücksetzen* weder große noch kleine Fische einfach ins Wasser werfen. Vielmehr legt er sie sachte hinein. **Schwimmt ein vom Drill ermüdeter Fisch nicht sofort davon**, sondern legt sich auf die Seite, haltet ihr ihn entweder mit dem Kopf gegen die Strömung oder bewegt ihn in stehenden Gewässern langsam hin und her. Auf diese Weise strömt Wasser durch die Kiemen und der Fisch erholt sich durch die zusätzliche Sauerstoff-Zufuhr. Sobald der Fisch aus eigener Kraft davonschwimmen will, könnt ihr ihn freilassen.

Vorsichtig wird der Fisch ins Wasser gesetzt und gegen die Strömung gehalten, bis er von selbst davonschwimmt.

Möchtet ihr einen Fisch für **die Küche mitnehmen, muss er** vor dem Lösen des Hakens **sofort betäubt werden.** Das geschieht **durch einen kräftigen Schlag** mit einem schweren Fischtöter **auf den hinteren Bereich des Kopfs. Größere Fische** ab etwa 20 Zentimeter Länge **erhalten zusätzlich einen Herzstich mit einem spitzen Messer.**

Angeln ist in Ordnung

Das Töten eines Fischs mag dem einen oder anderen Zuschauer grausam erscheinen. Aber glaube mir: Deinem Fisch ergeht es besser als jedem Tier im Schlachthof oder auf dem Fischkutter. Und der Mensch steht nun einmal am Ende der Nahrungskette. Zuvor hat der Fisch viele andere Lebewesen gefressen und jetzt wirst du ihn essen. Wie du siehst, ist das Mitnehmen eines Fischs eine ganz natürliche Sache. Nur haben viele Menschen den Bezug dazu verloren. Eigentlich sollte jeder das Tier selbst schlachten, das er essen will.

Volle Aufmerksamkeit beim Ausnehmen.

① Der dunkle Fleck am Kopf zeigt, wo der Schlegel den Fisch genau richtig getroffen hat.
② Hier erfolgt der Herzstich.

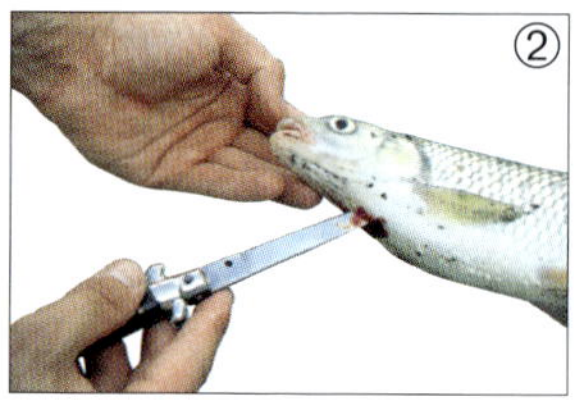

③ Aufschneiden der Bauchhöhle.
④ Herausnehmen der Innereien, die direkt hinter dem Kopf abgeschnitten werden.

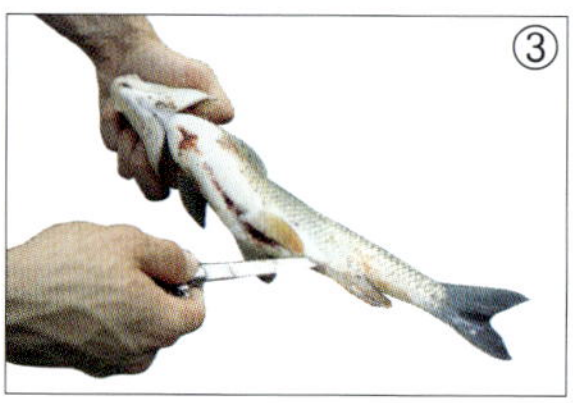

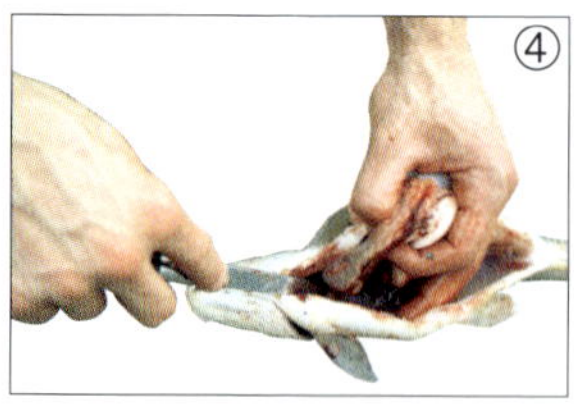

⑤ Mit dem Daumennagel die dunkle Niere entlang des Rückgrat herausstreifen.
⑥ Der ausgenommene, ausgespülte Fisch.

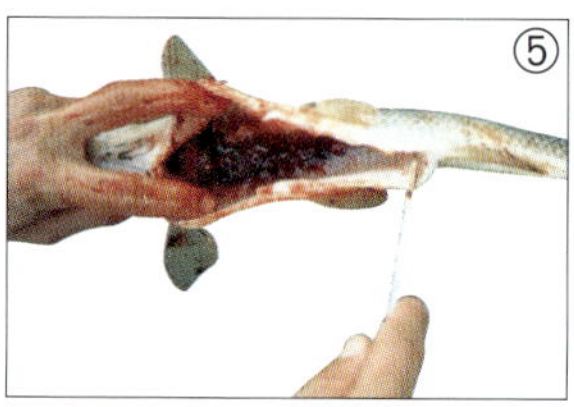

Sonderfall Aal

Anders als andere Fische lässt sich der Aal nicht durch einen Schlag auf den Kopf betäuben oder töten. Die einzig zuverlässige *Methode* zum schnellen, waidgerechten Töten eines Aals besteht in einem Messerstich von oben direkt hinter den Kopf. Dabei steht die Klinge quer zum Kopf und durchtrennt somit die Wirbelsäule. Am besten steckt ihr die Klinge im gleichen Zug tief in die Erde und haltet auf diese Weise den Fisch fest, bis ihr ein Handtuch zum Festhalten des megaglitschigen Wasserbewohners zur Hand habt.

Freude am Kleinen

Zwar ist es toll, einen richtig dicken Fisch zu fangen und jeder Angler wird wohl darauf aus sein. Wer sich jedoch nicht mehr über kleinere Fische freuen kann, sollte besser mit dem Angeln aufhören. Denn Angeln soll Spaß machen und der bleibt bei Rekordsucht einfach auf der Strecke. Außerdem hat es kein Fisch verdient, nur als unerwünschtes Objekt betrachtet und behandelt zu werden.

Auch über kleinere Fische sollte man sich freuen können.

Umwelt

Immer mehr Menschen wird bewusst, **dass Angler gleichzeitig Naturschützer sind**. Sie bemerken als erste, wenn das Wasser plötzlich verschmutzt ist, bepflanzen Ufer oder reinigen sie von Müll, den andere hinterlassen. Somit versteht es sich von selbst, **dass wir unsere Angelplätze sauber verlassen**. Selbst wenn jemand anders eine Madendose, Schnurreste oder sonst etwas weggeworfen hat, solltest du den Müll mitnehmen und daheim in die Tonne packen. Schließlich soll niemand die Angler als Umweltverschmutzer bezeichnen.

Unter anderem gehört das Abfischen von Zuchtteichen zur Aufgabe von Vereinen.

Voraussetzungen

Leider gibt es in einigen Ländern und Regionen ein **Mindestalter**, ab dem ihr erst angeln dürft. Es liegt zwischen acht und zwölf Jahren. Erkundigt euch am besten beim nächsten Angelverein danach.

Ein schöner Hecht am Blinker. Allerdings sollte die Schnur jetzt gelockert werden, damit die Rute weniger leidet und vielleicht bricht.

Und bevor ihr alleine ohne Begleitung eines erwachsenen Fischereischein-Inhabers angeln dürft, müsst ihr die **Fischerprüfung** ablegen. Beim Vorbereitungskurs lernt ihr viele wichtige Dinge über die Fische, das Wasser und die Natur überhaupt. Außerdem geht es um Fischkrankheiten, den Umgang mit Fischen und Umweltschutz. Alles wichtige Dinge also, wobei ihr vieles jetzt schon aus diesem Buch wisst.

Ohne die nötigen Berechtigungen geht nichts

Nach bestandener Prüfung stellt euch das Ordnungsamt den staatlichen **Fischereischein** aus, der pro Jahr abhängig vom Bundesland 5 bis 20 Euro kostet. Danach dürft ihr vom Gewässereigentümer oder -pächter eine Angelerlaubnis kaufen. Die Preise für eine Tageskarte beginnen bei etwa 3 Euro, liegen meist jedoch zwischen 5 und 10 Euro. Jahreskarten wie für die großen Flüsse in staatlicher Hand gibt es schon für 30 Euro. Vergleichbare Regelungen gelten in Österreich und der Schweiz.

Optimal ist die Mitgliedschaft in einem Anglerverein. Hier könnt ihr häufig mit einer Angelkarte in mehreren Gewässern fischen. Noch wichtiger ist jedoch, dass ihr im Verein bestimmt junge und ältere Fischer kennen lernt, die gerne mit euch zusammen angeln gehen. Und gemeinsam macht das garantiert mehr Spaß als alleine. Außerdem könnt ihr Erfahrungen austauschen und damit nicht zuletzt die Gewässer schneller kennen lernen. Nicht zuletzt veranstalten viele Vereine für ihre Jugendgruppe jedes Jahr ein mehrtägiges Zeltlager an einem Gewässer, wo ihr dann fast so lange angeln könnt, wie ihr wollt.

Gemeinsam mit anderen Fischern macht Angeln erst richtig Spaß.

Adressen von Vereinen in eurer Nähe erhaltet ihr über folgende Fischereiverbände:

Deutschland
Deutscher Angler Verband (DAV)
Weißenseer Weg 110
10369 Berlin
(030) 97 10 43 79

Verband deutscher Sportfischer (VDSF)
Siemensstraße 11-13
63071 Offenbach
(069) 85 50 06

Österreich
Österreichischer Sport- und Fischereiverband
Laudongasse 16
1082 Wien
(0222) 4 08 46 29

Schweiz
Bundesamt für Umwelt, Wald und Landschaft (BUWAL)
3003 Bern
(031) 3 22 93 32

Unendliche Weiten

Sbirulinos gibt es in unterschiedlichen Gewichten und Sinkverhalten.

Leichte Spinnköder weiter als 20 oder 30 Meter hinaus werfen geht nicht? Doch – der Sbirulino machts möglich. Das ist ein Wurfgewicht aus Kunststoff, das aus einem Röhrchen und einer bauchigen Beschwerung besteht. Sbirulinos gibt es in verschiedensten Gewichten, wobei 10 und 15 Gramm für viele Situationen passen. 50 bis 80 Meter Wurfweite sind damit gut machbar. Außerdem bietet der Fachhandel sie in verschiedenen Dichten an, von schwimmend bis schnell sinkend.

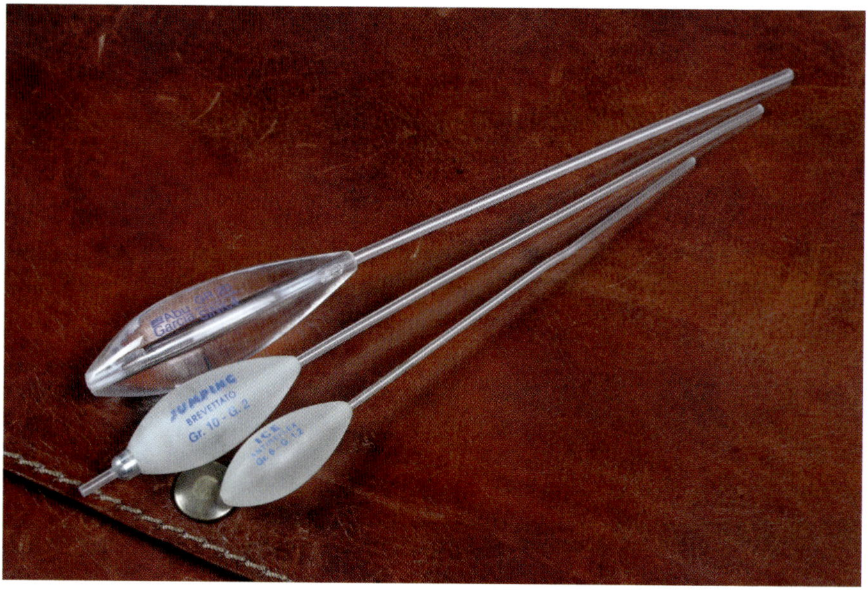

Einfach montiert

Die Technik funktioniert ganz einfach: Schiebe den Sbirulino mit der Röhrchen-Seite voraus auf die 0,20 bis 0,22 Millimeter starke Hauptschnur. Es folgt eine Gummiperle, die den Knoten am Karabinerwirbel schützt, den du danach anbindest. Ein mindestens anderthalb Meter langes Vorfach in der gleichen Stärke wie die Hauptschnur wird mittels einer Schlaufe eingehängt. Je länger das Vorfach, desto unverdächtiger arbeitet dein Köder.

Daran bindest du einen Wirbel ohne Karabiner und ein 70 Zentimeter langes Vorfach, das 0,02 Millimeter dünner als die Hauptschnur ist. Dann geht bei einem Abriss nicht die ganze Montage verloren. Als Rute kannst du die mittelstarke Ausführung einsetzen.

Sbirulino-Montage

Als **Köder** empfehle ich zum Beispiel auf Forellen und Barsche eine Fliege aus dem Bereich des Fliegenfischens – den so genannten »Muddler Minnow« in Hakengröße 8. Möchtest du auf Hechte angeln, gibt es ebenfalls spezielle Streamer. Sie liegen bei Hakengrößen ab etwa 3/0 und sind somit richtig groß. In diesem Fall solltest du auf eine Hautschnur im Bereich von 0,28 Millimetern setzen und als vordersten Teil des Vorfachs ein Stahlvorfach in einen Karabinerwirbel hängen.

Auch kleine Twister von drei bis fünf Zentimeter Länge gehören zu den Topködern am Sbirulino. Der Haken sollte dicht vor dem Schwanz aus dem Gummi ragen, was die Zahl der Fehlbisse verringert. Ein Bleikopf ,wie sonst bei Weichplastikködern üblich, entfällt hier.

Immer mit der Ruhe

Ein ganz wesentlicher Vorteil des Sbirulinos liegt darin, dass du den Köder sehr langsam führen kannst. Während die Fische zum Beispiel zügig durchs Wasser gekurbelte Blinker längst kennen und nicht mehr darauf reagieren, erscheint ein langsam durchs Wasser pulsierender Streamer wesentlich attraktiver.

Der Wooly Bugger links fängt hervorragend Forellen, während der Bunny Bug Hechte überzeugt. Hechtstreamer

Das erreichst du durch sehr langsamer Einholen und sachten Zupfern mit der Rutenspitze. Unter Zug legen sich die Haare oder Federn des Streamers an, um sich beim Stopp wieder aufzuplustern – das lässt keinen Räuber kalt. Bei sinkenden Sbirulinos gilt es zu beachten, dass er umso höher im Wasser läuft, je schneller du ihn führst. Das ist wie beim »normalen« Spinnfischen.

Sollte der Köder beim Fischen mit dem schwimmenden Sbirulino an der Wasseroberfläche furchen, kannst du ein Schrotblei dicht vor den Köder klemmen. Jedoch kann es durchaus passieren, dass die Fische an manchen Tagen auf Wellen an der Oberfläche stehen. Dann kannst du auf das Blei verzichten.

Selbstverständlich kannst du auf diese Weise auch **Maden** oder nicht zu große **Würmer** durchs Wasser bewegen. Anködern solltest du sie in L-Form, also zum Beispiel eine Made auf dem Hakenschenkel und eine auf dem Boden. Dadurch rotieren sie beim Einholen verführerisch durchs Wasser. Die schon genannten Barsche und Forellen stehen darauf.

Der **Biss** macht sich bei Natur- und Kunstködern durch einen Ruck oder Zug an der Rutenspitze bemerkbar. Bleibt der Fisch beim sofortigen Anhieb nicht hängen, dann schlage beim nächsten Biss mit einer Sekunde Verzögerung an. Voraussichtlich hält der Fisch den Köder dann wirklich im Maul.

Mehr los mit Boot

Sollte die Möglichkeit bestehen, dass du vom Boot aus fischen kannst, solltest du sie nutzen. Allerdings sollte ein Erwachsener mit an Bord sein, der sich mit Booten auskennt und auf die Sicherheit achten kann. Letztere ist überhaupt nur gegeben, wenn du eine Rettungs-

weste trägst – egal, ob du schwimmen kannst oder spiegelglattes Wasser herrscht. Persönlich gehe auch ich nie ohne Schwimmweste aufs Wasser, denn zu Unfällen kann es immer kommen.

Nur mit einer angelegten Rettungsweste bist du auf dem Wasser wirklich sicher.

Mit dem Boot kommst du an Stellen heran, die kein Uferangler erreicht. Entweder, da sie zu weit vom Ufer entfernt liegen, oder ein Schilfgürtel oder anderen Hindernisse den Zugang zum Wasser versperren. Vom Boots auf kommst dagegen bequem überall hin. So kannst du mit der Spinnrute die Bereiche von übers Wasser ragenden Zweigen abfischen, da sich die Räuber gerne unter dieser Dekkung aufhalten. Oder du fischst mit der Pose direkt vor dem Schilf oder den Seerosen, wo Karpfen, Schleien und andere Fische mit Vorliebe ihr Futter suchen.

Dieser Wobbler ist offenbar zu tief gelaufen. Jetzt ist ein höher arbeitendes Modell gefragt.

Doppelt hält besser

Beim Posenfischen benötigst du im See zwei Anker, damit das Boot nicht unkontrolliert herumtreibt, wie es mit einem Anker passiert. Dazu lässt du erst den einen Anker am Heck ins wasser und lässt etwas Ankerseil locker. Dann fährst du ein vielleicht zehn Meter weiter und setzt den Anker am Bug. Je nach Bootsgröße bleiben drei bis vier Meter Schnur lose, die du im Boots festbindest. Dann wird das Boot mit dem zweite Seil so weit zum ersten Anker gezogen, bis beide Leinen gespannt sind. Jetzt kommt das Boot nicht mehr von der Stelle. Achtung: Bei Drill solltest du den Fisch von den Ankerseilen fernhalten.

Genauso kannst du, wenn erlaubt, auch einen Spinnköder hinter dem Boot herschleppen. Auf diese Weise suchst du einen weiten Wasserbereich nach Raubfischen ab. Empfehlen kann ich dafür besonders schwimmende Wobbler. Modelle mit angegebener Tauchtiefe sind ideal, da du dann recht genau weißt, wo der Köder gerade arbeitet. Eine Entfernung von etwa 25 Meter hinter dem Boot hat sich in der Praxis gut bewährt, wobei besonders Hechte oft auch direkt hinter dem Boot beißen – vielleicht macht sie das Geräusch des Fahrzeugs durch das Rudern oder den Motor neugierig.

Nützliche Notizen

Oft stellen Angler sich die Frage, warum heute nichts geht, während es an den Angeltagen vor zwei Wochen richtig gut gelaufen ist. Wer den Grund dafür herausfinden möchte, sollte sich als Detektiv betätigen. Das geht sogar recht einfach.

Du musst nur ein Fangbuch führen, in das du alle Umstände eines Angeltags einträgst. Der Eintrag für einen Tag beginnt mit dem Datum, dem befischten Gewässer und der Angelstelle. Das ist leicht. Dann solltest du jedoch auch feststellen, wie warm die Luft ist und aus welcher Richtung in welcher Stärke (windstill, leicht mittel, kräftig) der Wind weht, ob die Sonne scheint oder ob es regnet. Denn sämtliche Faktoren können sich auf das Beißverhalten der Fische an dieser bestimmten Stelle auswirken.

Weiter geht es mit der Wassertemperatur, wobei es Thermometer gibt, die sich an die Angelschnur knoten und auswerfen lassen. Sie geben Auskunft darüber, wie warm oder kalt es in der Tiefe ist und nicht nur am Ufer. Auch der Luftdruck und die Mondphase können sich auswirken. Weiter ist es interessant zu wissen, welcher Wasserstand herrscht und wie klar oder trüb das Wasser ist.

So ein Fangbuch ist ein wertvoller Helfer für das gezielte, erfolgreiche Angeln.

Selbstverständlich solltest du auch die Fische eintragen, die du gefangen hast, einschließlich den verwendeten Montagen, Ködern und Uhrzeiten.

Sicherlich bereitet es etwas Mühe sich diese Notizen zu machen. Aber eines ist ganz sicher, im Laufe der Zeit kannst du aus deinen Aufzeichnungen ablesen, unter welchen Umständen du an einem bestimmten Gewässer gut gefangen hast. Damit kannst du deinen nächsten Angelausflug viel besser planen und wirst somit mehr Fische fangen.

Wer es sich leicht machen möchte, kann zu dem kleinen Fangbuch greifen, das ich entworfen habe. Es enthält für jeden Tag ein Formblatt, wo du zum Beispiel nur ankreuzen musst, ob der Luftdruck gleich bleibt, steigt oder fällt. Es kostet wenig Geld und ist extrem nützlich.

Datum: ________ **Beginn:** ______ Uhr **Ende:** ______ Uhr

GEWÄSSER: ____________________

Wassertemperatur: ______ °C

Wasserstand: ❑ niedrig ❑ normal ❑ hoch

Farbe des Wassers: ❑ klar ❑ leicht trüb ❑ trüb ❑ sehr trüb

Lufttemperatur: ______ °C

Luftdruck: ❑ ⇧ ❑ ⇨ ❑ ⇩ ______ mba

Windstärke: ❑ still ❑ leicht ❑ kräftig ❑ stürmisch

Windrichtung: ❑ Nord ❑ Ost ❑ Süd ❑ West

Tide: ❑ niedrig ❑ anfliessend ❑ ablaufend ❑ hoch

Witterung: ❑ sonnig ❑ wechselhaft ❑ bewölkt ❑ Regen ❑ Schnee

Mondphase: ❑ neu ❑ zunehmend ❑ voll ❑ abnehmend

Fischart	Uhrzeit	Anzahl	Länge in cm / Gewicht in g	Köder	Montage	Tiefe / Platz

Hier muss man die wichtigsten Punkte nur ankreuzen.

Camp-Tipps

Angeln ist ein Abenteuer – schon alleine einfach draußen in der Natur zu sein ist etwas, das spannen sein kann. Jedoch ist mit der Freude daran schnell Schluss, wenn man friert, nass ist oder Hunger hat. Deshalb möchte ich dir ein paar Hinweise geben, wie sich das Angeln angenehm gestalten lässt.

Geht es **bei feuchtem Wetter** ans Wasser benötigst du ein paar wasserdichte Wanderstiefel. Regnet es richtig oder gibt es hohes nasses Gras, sind Gummistiefel die beste Wahl. Wer bei Niederschlägen noch eine jeweils wasserdichte Regenhose und -jacke trägt, ist bestens gerüstet.

Wanderstiefel sollten am besten wasserdicht sein. Für die meisten Angeltage sind sie optimal.

Wer sich ab Wasser bewegt, kommt manchmal auch damit in Berührung – besonders bei einem Sturz. Wer keine Ersatzklamotten für den Notfall mitnehmen möchte, und Gepäck gibt es auch so schon genug, der zieht am besten so genannte Funktionskleidung aus Kunstfaser an. Diese Stoffe trocknen etwa fünfmal so schnell wie Baumwolle. Damit besteht zumindest im Sommer die Chance, dass selbst die klatschnasse Hose am Abend wieder trocken ist.

Ein Angelzelt ermöglicht komfortables Übernachten.

Beim **Nachtangeln** genügt bei höheren Temperaturen bereits die im entsprechenden Kapitel genannte Ausrüstung. Wird es allerdings kalt und regnerisch, gibt es einige Dinge, die auch das erträglich machen.

Da wäre zunächst ein **Angelzelt**. Im Unterschied zum Schirm bietet es Schutz von allen Seiten. Die meisten Modelle besitzen einen festen oder einlegbaren Boden, der allerlei Kleintiere aus dem Zelt fernhält. Sicherheitshalber solltest du vor dem Angeln fragen, ob ein Zelt am jeweiligen Gewässer erlaubt sind. Oft gehen Modelle mit abnehmbarem Boden als problemloser Schirm durch.

Ob du eine Ein- oder Zwei-Mann-Ausführung wählst, hängt davon ab, ob du mit einem Kameraden zeltest oder du alleine mehr Platz möchtest. Beachten solltest du, das größere Modelle auch mehr wiegen – wichtig für den Transport. In jedem Fall sollte das Zelt mit Moskitonetzen am Eingang und eventuellen Lüftungsöffnungen versehen sein, da Stechmücken im Zelt extrem lästig sind.

Bei Kälte empfiehlt sich außerdem eine **Anglerliege** (oft auch Karpfenliege genannt, obwohl Fische dort eher selten liegen ...), da man darauf nicht so nahe am kalten Boden liegt. Außerdem kannst du Ausrüstung darunter verstauen. Ein Modell mit vier Beinen genügt schon, obwohl es leichter nach vorne oder hinten kippt als Liegen mit sechs oder acht Beinen. Im Zweifelsfall gibt es zusätzliche Beine separat zu kaufen.

Ist dein **Schlafsack** nur für wärmere Temperaturen gedacht, kannst du ihn gut ausrüsten. Ein Fleece-Inlet oder einfach eine zusätzliche Decke im Schlafsack sorgen für bedeutend mehr Wärme. Selbst nehme ich gerne zusätzlich eine Rettungs-Foliendecke mit, wie sie sich in jedem Auto-Verbandskasten findet. Mit der silberfarbenen Seite nach innen gelegt hat sie schon in mancher Nacht für behagliche Wärme gesorgt, als die Feuchtigkeit auf dem Zelt gefror.

Auch während einer Angelpause ist die Liege eine bequeme Sache.

Der Schlafsack wärmt durch ein Fleece- Inlet noch besser. Eine Rettungsdecke hilft bei großer Kälte unglaublich gut.

Eine **Stirnlampe** erwies sich bei Nacht im Vergleich zu einer normalen Taschenlampe als viel sinnvoller. Denn damit hast du stets die Hände frei. Das ist wichtig, wenn du zu Beispiel eine Montage neu binden musst oder einen Fisch landest. Es empfiehlt sich eine LED-Lampe, die wenig Strom verbraucht und mit vielleicht drei Dioden ausreichend hell leuchtet.

Warmes Essen hält Leib und Seele zusammen – das ist eine alte Weisheit. Gerade bei Kälte entscheidet eine warme Mahlzeit beim Angeln oft darüber, ob man die Tour abbricht oder sich nochmal damit aufwärmt und weitermacht, was den einen oder anderen Fisch bringen kann.

Eine LED-Stirnlampe ist die beste Wahl für das Nachtangeln.

Am einfachsten lässt sich ein **Gaskocher** handhaben, wobei die Kartusche möglichst voll sein sollte. Denn bei Kälte sinkt der Druck in teilweise leeren Behältern recht schnell, worauf der Kocher vielleicht nicht mehr richtig arbeitet. Universell für Mahlzeiten am Wasser eignet sich ein leichter Aluminium-Topf mit zwei oder drei Liter Fassungsvermögen.

Richtig stilecht ist ein **offenes Feuer** zum Kochen. Dabei ist unbedingt zu beachten, dass es in sicherer Entfernung zu sonstigen brennbaren Materialien entfacht wird. Auch sollte man es sorgfältig löschen. Würstchen lassen sich einfach auf einen angespitzten Stock spießen, während eine Pfanne am besten auf einem so genannten Pfannenknecht steht – Dann muss man sie nicht ständig mit der Hand über die Hitze halten. Eier mit Speck zum Frühstück sind schon toll und ein kräftiger Eintopf am Mittag oder Abend ist ebenfalls nicht zu verachten. Und sich einfach am Feuer zu wärmen hat ebenfalls etwas für sich. Ein Campingbesteck, Bratfett und ein Feuerzeug samt etwas Zeitungspapier zum Anzünden komplettieren die Koch-Ausrüstung.

Gaskocher gibt es in verschiedenen Ausführungen. Die einfache Variante links reicht schon völlig..

Schweres leicht gemacht

Du siehst schon: Mit der Zeit kann einiges an Angelgepäck zusammenkommen. Das alles in einer Umhängetasche zu transportieren, ist kein Spaß – vor allem nicht bei einem längeren Weg ans Fischwasser. Einmal rutscht der Tragegurt, dann schmerzt langsam der Rücken, was immer schlimmer wird, und schließlich musst du vielleicht alle paar Meter eine Pause einlegen. Viel besser geht das mit einem ordentlichen Rucksack. Hier rutscht nichts, dein Rücken kann das Gepäck bequem tragen und keine Tasche scheuert an der Seite.

Ein paar Minuten aufwärmen und das Fischen geht weiter.

Such´ dir am besten ein Modell mit einem Fassungsvermögen von etwa 30 bis 50 Liter aus, je nachdem, wie groß und kräftig du bist. Er sollte ein großes Innenfach und außen mehrere kleine Taschen besitzen. Ist er nicht wasserdicht, schützt eine regensichere Hülle den Inhalt vor Nässe. Beim Spinnfischen leistet bereits ein kleinerer Rucksack für die Köderdose und einiges Zubehör gute Dienste.

Was gibt's noch?

Zwar kennt ihr nach dem Lesen dieses Buchs bereitsei-nige Angeltechniken, allerdings hat die Welt des Hobbyfischens noch Weiteres zu bieten. Hier zwei bedeutende Beispiele:

Fliegenfischen

Döbel lassen sich wunderbar mit der Fliege überlisten.

Ohne Frage gilt das Fliegenfischen als **die schönste Art des Angelns**. Dabei locken fast schon kunstvoll aus Wolle, Federn oder synthetischen Materialien gebundene Imitationen natürlicher Insekten die Fische an den Haken. Denn **Insekten gehören zu den wichtigsten Nährtieren der meisten Fische**, weshalb sich Forellen, Döbel und viele Friedfische mit »der Fliege« überlisten lassen. Nicht zuletzt gehen **Raubfische** wie Hecht und Zander **auf** entsprechend gebundene **Nachbildungen von Kleinfischen**.

Fliegenwerfen sieht viel schwieriger aus als es tatsächlich ist.

Sämtliche, unter dem Begriff »Fliege« laufenden **Köder wiegen oft weit unter einem Gramm**, weshalb der Fliegenfischer eine **besondere Wurftechnik** beherrschen muss. Denn ein Blei als zusätzliches Wurfgewicht scheidet aus, da die Fliegen entweder auf der Oberfläche schwimmen oder sich unter Wasser möglichst natürlich bewegen sollen. Den Transport des Köders übernimmt deshalb eine schwere Wurfschnur, die der Fischer mit der Rute in eine schwingende Bewegung versetzt und so die Fliege bis etwa 30 Meter weit zum Fisch befördert. Das sieht bei guten Werfern so toll aus, dass Spaziergänger stehenbleiben und zuschauen.

Das Bild zeigt nur eine kleine Auswahl fängiger Fliegen.

Viele **Fliegenfischer binden** außerdem **ihre Köder selbst** und können sich dann besonders über den Fang mit dem Eigenbau freuen. Ein weiterer Vorzug des Fliegenfischens liegt darin, dass **der Haken bei den meisten Fischen ganz vorn im Maul** sitzt und sie somit kaum verletzt.

Meeresangeln

Das Angeln in Meeren wie der Nord- und Ostsee erscheint gar nicht so einfach. Denn da seht ihr eine riesige Wasserfläche und fragt euch, wo ihr am besten anfangen sollt.

Das Meeresangeln fern der Küste ist schon ein besonderes Erlebnis

Dieser 70 Zentimeter lange Dorsch brachte seinen Fänger ganz schön ins Schwitzen. Foto: Joachim Stollenwerk

Am einfachsten gelingt der **Einstieg in das Meeresangeln bei organisierten Ausfahrten auf Angelkuttern oder kleineren Booten**. Meist geht es dabei auf Dorsche oder Makrelen. **Gefischt wird auf Dorsch mit Pilkern**, die aus massivem Metall bestehen und schnell zum Grund tauchen. Und genau dort stehen die Fische. Über dem Pilker könnt ihr noch einen Seitenarm mit Haken anbringen, auf den ihr einen Twister oder Tintenfischstreifen spießt. Oft gehen Dorsche lieber an das Zusatzangebot.

Dieser Dorsch nahm nicht den blausilbernen Pilker, sondern den als Beifänger montierten gelben Twister.

Erlaubt eine schwache Strömung oder Bootsdrift bis etwa 60 Gramm leichte Montagen, könnt ihr auf dem Meer sogar mit eurer starken Süßwasserrute fischen. **Liegt ihr mit dem Boot über einem Schwarm, beißt häufig Fisch auf Fisch**.

Das gilt genauso für **Makrelen**, die unter anderem **auf mit Federn versehene Haken** gehen. An einem Federsystem hängen über einem Blei drei bis fünf Haken, was den **Fang mehrerer Fische gleichzeitig** ermöglicht.

Darüber hinaus könnt ihr **mit der leichten Spinnrute vom Ufer aus am Strand oder im Hafen fischen**, wobei Dorsche, Hornhechte und Meerforellen auf an Pilker erinnernde Wobbler oder Fischfetzen unter einer Pose beißen können. Und das alles ist nur ein Teil der Möglichkeiten im Meer.

Fachbegriffe

Abriebfestigkeit Widerstandsfähigkeit gegen Aufrauen der Oberfläche. Schnüre mit einer hohen Abriebfestigkeit rauen bei Berührungen mit Hindernissen nicht so schnell auf, wie Leinen mit niedriger Abriebfestigkeit.

Aktion Form der Biegekurve einer Rute. Es gibt Spitzen-, Mittelteil- und durchgehende Aktionen.

Anfüttern Einwerfen von losem Futter, was die Fische an eine Stelle lockt oder sie dort hält.

Angelschirm Großer, stabiler Schirm mit einem Durchmesser von mindestens zwei Metern. Er schützt vor Sonne und Regen.

Anhieb Nach dem Biss des Fischs die Rutenspitze ruckartig anheben. Dadurch zieht die Schnur den Haken ins Gewebe des Fischmauls. Ohne Anhieb würde der Haken nicht fassen und der Fisch könnte den Köder wieder »ausspucken«.

Anschlagen siehe Anhieb

Artenschutz Tier- und Pflanzenarten sind geschützt, deren Bestände gefährdet sind oder die sogar kurz vor dem Aussterben stehen. Wer dagegen verstößt, muss mit empfindlichen Strafen rechnen.

Auffädeln Aufziehen eines Köders auf ein Vorfach mit der Ködernadel

Buhne In verbaute Flüsse ragende lange Steinschüttungen. Ein Flussabschnitt mit mehreren Buhnen wird als Buhnenfeld bezeichnet.

Drill Das Bemühen des Anglers, den Fisch ans Ufer zu ziehen. Zum Drill zählen auch die Fluchten des Fischs und andere Befreiungsversuche.

Drilling Haken mit drei Spitzen zum Angeln auf Raubfische

Endständiges Maul Ober- und Unterkiefer sind gleich lang, also zeigt das Maul gewissermaßen gerade nach vorn. Fische mit so einem Maul fressen in allen Gewässerschichten.

Fluchtmontage Bei dieser Montage fühlt der Fisch nach dem Einsaugen des Köders den Widerstand des Bleis und das gleichzeitige Einstechen des Hakens. Meist flüchtet der erschreckte Fisch und treibt den Haken weiter ins Maul. Wichtige Technik auf Karpfen und weitere große Friedfische.

Gezeiten Ebbe und Flut

Haar Kurzes Schnurstück mit Schlaufe am Haken. Der Köder wird hier statt am Haken am Haar befestigt, das meist in Verbindung mit einer Fluchtmontage gefischt wird.

Hänger Begriff für das Verhängen des Hakens oder eines anderen Teils der Montage im Gewässer.

Hauptschnur Die Schnur auf der Rolle

Kammschuppen Schuppen mit rauer Oberfläche bei barschartigen Fischen wie Barsch und Zander

Kescher — Landenetz mit Stiel. Das Keschernetz sollte immer knotenlos gefertigt sein, was Verletzungen der Schleimhaut der Fische vermeidet.

Kraut — Sammelbegriff für Wasserpflanzen

lb — Englische Abkürzung für »libra«, was aus dem Griechischen übersetzt »Gewicht« bedeutet. In englischsprachigen Ländern wird »lb« als Abkürzung für die englische Gewichtseinheit Pound (= 454 Gramm) verwendet. Für die Mehrzahl wird häufig ein »s« angehängt, das jedoch im Grunde sprachlich falsch ist. Trotzdem findet sich als Angabe für die Stärke einer Rute oder die Tragkraft einer Schnur beim einen Hersteller »lb« beim anderen »lbs«.

Leitfisch — Die Fischart, die einer Gewässerregion den Namen gibt, wie Forellen- oder Barbenregion

Montage — Die gesamten an der Hauptschnur befestigten Teile. Das kann ein Blinker mit Stahlvorfach, eine Pose mit Blei und Haken und anderes sein.

Oberständiges Maul — Unterkiefer länger als Oberkiefer. Das Maul zeigt also gewissermaßen nach oben. Diese Form erleichtert Fischen das Fressen an der Oberfläche.

Petri Heil — Gruß unter Anglern, der mit »Petri Dank« beantwortet wird. Mit »Petri Heil« wünscht man dem Gegrüßten gleichzeitig einen guten Fang, weshalb auch Nichtangler dem Fischer »Petri Heil« wünschen können. Auch hier lautet die Antwort stets »Petri Dank««. Manche Fischer kürzen Gruß und Dank auch einfach »Petri« ab. Anders bei einem schönen Fang, nach dem ein »Petri Heil« dem Fänger als Anerkennung zugerufen wird. Und einmal mehr folgt darauf ein »Petri Dank«.

Scharkante — Die Stelle in einem Gewässer, an welcher der bis dahein seicht verlaufende Grund plötzlich steil in die Tiefe abfällt.

Tauchschaufel — Das ist das schräg gestellte Plättchen aus Kunststoff oder Metall vorne an einem Wobbler. Es sorgt für die wackelnde Bewegung des Köders und zwingt ihn beim Einholen zum Tauchen.

Testkurve — Diese Angabe sagt bei englischen Ruten und vielen Ruten zum Naturköderangeln aus, ab welcher Belastung die Spitze der waagerecht gehaltenen Rute senkrecht nach unten zeigt. Das dazu nötige Gewicht wird in englischen Pfund (kurz »lb«) angegeben. Wie das unter anderem im deutschsprachigen Raum übliche Wurfgewicht gibt die Testkurve die Stärke der Rute an.

Tragkraft — 1) Die Belastbarkeit einer Schnur, bevor sie reißt. 2) Das Gewicht, das man maximal unter eine Pose hängen kann, ohne dass sie untergeht.

Unterständiges Maul — Oberkiefer länger als Unterkiefer. Somit zeigt das Maul gewissermaßen nach unten. Das ist ein Kennzeichen von Fischen, die Nahrung vom Grund aufnehmen.

Verbauungen — Künstliche Hindernisse wie Wehre im Fluss sowie begradigte und vielleicht mit Steinen oder Beton befestigte Ufer.

Verdrallen — Das Verdrehen der Schnur. Das passiert hauptsächlich durch rotierende Köder, wie Spinner, oder durch Drehen der Rollenkurbel, obwohl dadurch keine Schnur eingeholt wird. Das Verdrallen ist eine Beschädigung der Schnur und schwächt ihre Tragkraft.

Vorfach Schnurstück zwischen Hauptschnur und Haken oder dem Kunstköder

Waidgerechtigkeit Begriff vom Angeln und Jagen. Er bedeutet Achtung vor dem geangelten oder bejagten Lebewesen, was gleichzeitig einen möglichst schonenden Umgang sowie ein schmerzloses Tötet bedeutet. Zudem fischt ein waidgerechter Angler nicht wissentlich auf zu kleine Fische oder Arten in der Schonzeit. Und wenn ein zurückgesetzter Fisch plötzlich bauchoben treibt, muss der Angler ihn nach Möglichkeit wieder einfangen und bis zum Erholen halten oder ihn notfalls abschlagen.

Widerhaken Vorsprung hinter der Hakenspitze, die das Herausfallen des Hakens aus dem Fischmaul vermeiden soll. Führt der Angler den Fisch jedoch stets an gespannter Schnur, ist der Widerhaken überflüssig.

Wirbellose Tiere ohne Wirbelsäule wie Insekten, Würmer oder Schnecken

Wurfgewicht Es legt fest, in welchem Bereich von Gewichten die Rute am besten wirft. Ein zu geringes Gewicht der gesamten Montage ergibt ungenaue, kurze Würfe, ein Überschreiten kann zum Bruch der Rute beim Beschleunigen im Wurf führen.

Zurücksetzen Den Fisch nach dem Fang vorsichtig wieder freilassen.

»Danke«...

...sage ich allen, die mich beim Erstellen dieses Buchs unterstützten:

Michael Bernert
Markus Kollmeier
Daniela Pfeilsticker
Dr. Ralf Schnelle www.olaf-cartoons.de
Frank Staiger
Simon Staiger
Joachim Stollenwerk www.raubfisch.com